Chinesisch
von Null auf Hundert

100 Wörter lernen – 500 Sätze sprechen

Berlitz Publishing
München • New York • Singapur

Berlitz Chinesisch von Null auf Hundert

Verfasser: Stefan Möller
Lektorat: Hsiao-Ling Lin
Projektleitung: Eva Betz

© 2009 Berlitz Publishing, München

Berlitz Publishing
Mies-van-der-Rohe-Straße 1
D-80807 München

Das Werk und seine Teile sind urheberrechtlich geschützt.
Jede Verwertung in anderen als den gesetzlich zugelassenen
Fällen bedarf deshalb der vorherigen schriftlichen Einwilligung
des Verlags.

Berlitz ist eine beim U.S. Patent Office und in anderen Ländern
eingetragene Marke.
Marca Registrada.
Marke von Berlitz Investment Corporation lizenziert.

Satz und Litho: Franziś print & media GmbH, München
Druck: CS-Druck CornelsenStürtz, Berlin
Printed in Germany
ISBN: 978-3-468-79134-5

09010

Inhalt

☐ **Benutzerhinweise** 5

☐ **Hundertwortschatz** 11

☐ **Von Mensch zu Mensch** 23
  Jemanden begrüßen 24
  Sich verabschieden 26
  Sich vorstellen 29
  Sich bedanken 36
  Verständigungsprobleme lösen 43

☐ **Smalltalk** 47
  Das Befinden 48
  Herkunft 51
  Alter 55
  Urlaubsgeplauder 57
  Urlaubsgestaltung 62
  Das Wetter 65
  Komplimente und Lob 68

☐ Unterkunft — 73

Zimmersuche — 74
An der Rezeption — 77
Ausstattung und Extras — 80
Zimmerpreise — 84
Entscheidung — 85
Service — 86
Sich zurechtfinden — 86
Beschwerden — 88

☐ Urlaubsaktivitäten — 91

Von A nach B kommen — 92
Shopping — 95
Unterhaltung — 101
Essen gehen — 102
In der Bar — 105
Bekanntschaften und Flirts — 106

☐ Notfälle und Missgeschicke — 109

Hilfe holen — 110
Unfall — 111
Verlust und Diebstahl — 112
Arztbesuch — 114
Missgeschicke — 115

☐ Wörterbuch — 117

Benutzerhinweise

Dieser Sprachführer macht es Ihnen so leicht wie möglich, sich in China zu verständigen: Sie lernen nur 100 Wörter, mit denen Sie über 500 Sätze sprechen und somit alle relevanten Reisesituationen meistern können! Um den größtmöglichen Nutzen aus diesem Buch zu ziehen, gehen Sie bitte wie folgt vor:

Lernen Sie zunächst die 100 Wörter im nachfolgenden Hundertwortschatz. Diese sind nicht alphabetisch geordnet, sondern in sinnhafte Gruppen gegliedert, um Ihnen das Einprägen zu erleichtern.

Sie müssen nur 100 Wörter lernen, aber Ihr Grundwortschatz ist eigentlich schon viel breiter, denn aus den Einzelwörtern kann man Zusammensetzungen bilden. Die wichtigsten dieser Wortkombinationen finden Sie bereits im Hundertwortschatz, weitere werden später in den Kapiteln in einem Sprachtipp erklärt und sind auch im Wörterbuch am Ende dieses Buches zu finden.

Sowohl im Hundertwortschatz als auch in den einzelnen Kapiteln gibt es gelb eingerahmte Sprachtipps, die Ihnen die wichtigsten Regeln und sprachlichen Besonderheiten des Chinesischen anhand von Beispielen erläutern. Wörter und Sätze, zu denen es einen Sprachtipp gibt, sind mit einem Sternchen gekennzeichnet.

Darüber hinaus informieren Sie die grün umrahmten Landestipps über bestimmte Gepflogenheiten in China, die für den deutschsprachigen Besucher zunächst neu und ungewohnt sein könnten.

In den einzelnen Kapiteln finden Sie – nach Themen geordnet – die wichtigsten Sätze und Ausdrücke, die Sie in der jeweiligen Situation sprechen oder auch verstehen möchten. Dabei handelt es sich bewusst um Sätze aus dem tatsächlich gesprochenen Alltagschinesisch.

An einigen Stellen wurden die Sätze durch Bilder ergänzt; das jeweilige chinesische Wort zum Bild ist jedoch direkt darunter angegeben und kann als weitere Alternative in den Satz (an der Stelle „...") eingesetzt werden.

Das Wörterbuch ganz am Ende dieses Buches bietet Ihnen die Möglichkeit des alphabetischen Nachschlagens aller chinesischen Begriffe. Im Wörterbuch finden Sie alle Wörter aus dem Hundertwortschatz, alle Bild-Wörter sowie alle festen Wendungen und Zusammensetzungen aus den Kapiteln.

Um Ihnen den Einstieg in die chinesische Sprache zu erleichtern, werden in diesem Buch keine Schriftzeichen verwendet. Sie können die Wörter und die daraus gebildeten Sätze ganz einfach durch die hier verwendete, internationale Umschrift Pinyin erlernen. Die wichtigsten Schriftzeichen für den Urlaub finden

Sie in der Klappe und der Innenseite des vorderen Einbandes.

Auf der Klappe des hinteren Einbands sehen Sie außerdem Zeigebilder, mit denen sie sich in Notfällen schnell verständigen können.

Das Chinesische umfasst etwa 400 Silben. Diese werden einzeln verwendet oder sind in bestimmten Kombinationen zusammengesetzt. Um die aus den Silben gebildeten Wörter genau unterscheiden zu können, ist die richtige Aussprache entscheidend. Jedes chinesische Wort wird in einem bestimmten Ton gesprochen. Insgesamt gibt es vier verschiedene Töne:

1. Ton: Dieser Ton wird in ein wenig erhöhter Stimmlage und anhaltend lang gesprochen. In der Umschrift Pinyin wird der erste Ton durch einen flachen Strich über dem betreffenden Vokal gekennzeichnet, z. B. gēn.

2. Ton: Der zweite Ton beginnt in einer niedrigeren Stimmlage und steigt dann an, als ob hinter dem Wort ein Fragezeichen stünde, wie z. B. bei: Was? Im Pinyin zeigt ein von links unten schräg nach oben ansteigender Strich den zweiten Ton an, wie bei: nín.

3. Ton: Dieser Ton beginnt in einer mittleren Stimmlage, fällt etwas ab und steigt dann langsam wieder an, vergleichbar dem Sprechen eines Frageworts beim Ausdruck von Erstaunen, wie z. B. bei: Wo? Im Pinyin wird der dritte Ton durch einen kleinen, nach oben geöffneten Halbkreis gekennzeichnet, wie bei: wǒ.

4. Ton: Der vierte Ton beginnt in einer höheren Stimmlage und fällt dann rasch ab. Er entspricht etwa der Stimmführung bei einem nachdrücklich gesprochenen Wort am Ende eines Rufsatzes, wie z. B. bei: Nein!
Im Pinyin zeigt ein von links oben schräg nach unten verlaufender Strich den vierten Ton an, wie bei: zài.

Einige Wörter und Silben werden außerdem kurz und tonlos gesprochen.

Das Pinyin wird nur zum Teil wie das Deutsche ausgesprochen. Laute, die anders sind als im Deutschen:

Laut	Ausgesprochen wie	Beispiel
s	ss	
z	ds	
c	ts	
sh	sch	
zh	dsch	
ch	tsch	
x	ssch	wie in bi**ssch**en
j	dj	**Dj**erba
q	tj	**tj**a!
h	ch	wie in au**ch**
r	wie engl. **r**ed	
er	wie engl. **car**	

Laut	Ausgesprochen wie	Beispiel
ei	wie engl. l**a**te	
ie	kurzes **i** + **ä**	
iu	kurzes **i** + **ou**	
ian	**i** + **än**	
ou	wie engl. sh**ow**	
uai	wie engl. **why**	
ui	wie engl. **wai**t	
ong	ung	Bedeut**ung**

Ausnahmen bei der Aussprache von Konsonanten in Verbindung mit i: (ə wie bitt**e**)

Laut	Ausgesprochen wie
ci	tsə
si	ssə
zi	dsə
ri	rə
chi	tschə
shi	schə
zhi	dschə

Aussprache nach **j**, **q**, **x**, **y**:

Laut	Ausgesprochen wie	Beispiel
u	ü	j**u** = dj**ü**
uan	üän	y**uan** = y**üän**
ue	üe	x**ue** = ssch**üe**
un	ün	q**un** = tj**ün**

Weitere Besonderheiten der Aussprache:

Laut	Ausgesprochen wie
y	j
yi	i
ying	ing
wu	u
wo	uo
wai	uai

Um Ihnen das richtige Aussprechen zu erleichtern, finden Sie unten auf jeder Seite einen Ausspracheticker.

Wir wünschen Ihnen nun viel Freude und Erfolg bei Ihrem rasanten Einstieg ins Chinesische – von Null auf Hundert!

Hundertwortschatz

11

Hier lernen Sie die wichtigsten 100 chinesischen Wörter, aus denen alle Sätze in den folgenden Kapiteln gebildet sind.

1	**shì**	ja; sein
2	**bù***	nein; nicht
3	**búshì**	nicht
4	**bú kèqi**	bitte, keine Ursache
5	**zhè**	dieser/diese/dieses, dies
6	**gēn**	und; mit
7	**hěn**	sehr
8	**zhēn**	echt, wirklich
9	**de***	*Wort zur Bildung von Beifügungen*

Sprachtipp

Bù kann im Chinesischen sowohl „nein" als auch „nicht" bedeuten. Als Antwort sollte *bù* (nein) nicht allein verwendet werden, da dies als unhöfliche und brüske Ablehnung verstanden wird. Bei einer negativen Antwort werden *bù* meist weitere Erläuterungen und Begründungen hinzugefügt, wobei auch das Zeitwort aus der vorhergehenden Frage wieder aufgegriffen wird. *Nǐ mǎi lǐwù ma?* (Kaufst du Geschenke?) – *Wǒ bù mǎi.* (Nein.).
Wenn auf *bù* ein Wort folgt, das auch den 4. Ton hat, verändert sich die Tonhöhe vom 4. zum 2. Ton, statt *bù* wird also *bú* gesprochen.

Aussprachehilfe
c = ts | sh = sch | zh = dsch | ch = tsch | x = ssc

> **Sprachtipp**
>
> Das Wort *de* hat im Chinesischen eine ganze Reihe unterschiedlicher Funktionen. Es dient dazu, ein Hauptwort oder Zeitwort näher zu beschreiben: *Yí ge hěn piàoliang de lǐwù.* (Ein sehr schönes Geschenk). Des Weiteren wird *de* verwendet, um eine Zugehörigkeit anzuzeigen (z. B. *Zhè shì wǒ de fángjiān.* = Das ist mein Zimmer.) oder die Art und Weise, in der eine Handlung geschieht (z. B. *Tā zuò de zhēn hǎo.* = Er macht es sehr gut.). *De* steht immer vor dem Wort, auf das es sich bezieht.

10 **wǒ** — ich/mir/mich
   wǒ de* — mein/meine

11 **wǒmen** — wir/uns
   wǒmen de — unser/unsere

12 **nǐ** — du/dir/dich; Sie/Ihnen
   nǐ de — dein/deine; Ihr/Ihre

13 **nín** — Sie/Ihnen (sehr höfliche Anrede)

14 **nǐmen** — ihr/euch
   nǐmen de — euer/eure

15 **tā*** — er/ihm/ihn; sie/ihr/sie; es/ihm/es

16 **tāmen** — sie/ihnen

dj | q = tj | h = ch | s = ss | ju = djü | qu = tjü

Sprachtipp

Die Unterscheidung der drei grammatischen Geschlechter bei den persönlichen Fürwörtern *tā* (er, sie, es) bzw. *tāmen* (sie) erfolgt durch die unterschiedliche Schreibweise in den chinesischen Schriftzeichen.

Die besitzanzeigenden Fürwörter mein/meine, dein/deine etc., werden im Chinesischen aus dem persönlichen Fürwort und dem Wort *de* gebildet. So bezeichnet *wǒ* (ich) plus *de*, *wǒ de* (mein/meine), *nǐ* (du) plus *de*, *nǐ de* (dein/deine), *tā* (er; sie; es) plus *de*, *tā de* (sein/seine; ihr/ihre) etc.

17	**Nǐ hǎo.**	Guten Tag; Hallo.
18	**Zàijiàn.**	Auf Wiedersehen.
	zài	wieder, noch einmal
	zài	in; bei; sich befinden, (an einem Ort) sein
19	**xièxie**	danke; Dank
20	**gǎnxiè**	sich bedanken
21	**qǐng**	bitte; bitten
22	**qǐngkè**	einladen
23	**Duìbuqǐ.**	Entschuldigung./ Entschuldigen Sie.
	duì	gegenüber; richtig

Aussprachehilfe

c = ts | sh = sch | zh = dsch | ch = tsch | x = ssc

24	**jīntiān**	heute
25	**míngtiān**	morgen
26	**zhèlǐ**	hier
27	**nàli**	dort; dorthin
28	**shénme**	was; was für ein/eine
29	**nǎli**	wo
	nǎ guó rén	aus welchem Land
	nǎ ge	welcher, welche, welches
30	**zěnmeyàng**	wie
	zěnme	wie; was
31	**ma***	*Wort zur Bildung einer Frage*
32	**ne***	*Wort zur Kennzeichnung einer Rückfrage*

Sprachtipp

Mit *ma* werden Fragesätze gebildet. Hierbei steht *ma* am Ende des Satzes: *Tā lái ma?* (Kommt er?).
Das Wort *ne* kennzeichnet im Chinesischen eine Rückfrage. Es wird häufig verwendet, um kurz die Meinung des Gegenübers zu erkunden: *Wǒ juéde hěn shūfu, nǐ ne?* (Ich finde es sehr bequem, und du?).

= dj | q = tj | h = ch | s = ss | ju = djü | qu = tjü

33	**dōu**	alle; alles
34	**yī**	eins
	yìqǐ	zusammen
35	**yí ge***	ein/eine
	yí cì	einmal
36	**èr**	zwei
37	**liǎng***	zwei

Sprachtipp

Im Chinesischen wird die Anzahl oder Menge von Personen oder Gegenständen durch ein Zahlwort, wie *yī* (eins), *liǎng* (zwei) etc., sowie ein sogenanntes Zähleinheitswort, wie z. B. *ge*, bezeichnet. Zähleinheitswörter sind den Mengenangaben im Deutschen vergleichbar, z. B. ein Blatt Papier. Das Zähleinheitswort *ge* ist sehr gebräuchlich und wird sowohl für Menschen als auch für viele Gegenstände herangezogen. Es gibt eine ganze Reihe von Zähleinheitswörtern, die jeweils für eine Gruppe von Substantiven mit speziellen Eigenschaften verwendet werden, z. B. *yì zhāng piào* (eine Eintrittskarte), *jiǔ běn shū* (neun Bücher), *sān ge péngyou* (drei Freunde). In den folgenden Kapiteln wird jedoch nur das Zähleinheitswort *ge* verwendet.

Aussprachehilfe
c = ts | sh = sch | zh = dsch | ch = tsch | x = ssch

Sprachtipp

Die Zahl Zwei, *èr*, wird vor einem Zähleinheitswort immer mit *liǎng* bezeichnet.

38	**duō**	viel
	duōshao	wie viel
	duōjiǔ	wie lange
	Duōshao qián?	Wie viel kostet es?
39	**yǐjīng**	schon
40	**tài**	sehr, zu sehr
41	**jìn**	nah; nahebei
	zuì jìn	am nächsten
42	**cóng**	von; aus; seit
43	**bǐ**	als, im Vergleich zu
44	**fēicháng**	sehr, äußerst
45	**xìng**	Familienname; mit Familiennamen heißen
46	**míngzi**	Name
47	**lǐwù**	Geschenk
48	**piào**	Ticket; Fahrkarte; Eintrittskarte
49	**dōngxi**	Ding, Sache, Gegenstand

dj | q = tj | h = ch | s = ss | ju = djü | qu = tjü

Sprachtipp

Im Chinesischen existieren eine Reihe grammatikalischer Besonderheiten, die das Erlernen der Hochsprache wesentlich erleichtern. So gibt es bei Hauptwörtern, mit Ausnahme der Bezeichnung von Personen, keine Mehrzahlbildung, und es existieren auch keine Artikel. Außerdem werden die Hauptwörter nicht nach Fall, Anzahl und grammatischem Geschlecht gebeugt.

50	**yìsi**	Bedeutung, Sinn
51	**tiānqì**	Wetter
52	**Déguó**	Deutschland[1]
53	**tiān**	Tag
54	**wǎnshang**	Abend
	wǎn'ān	Gute Nacht.
	wǎn	spät
55	**zǎoshang**	Morgen
	zǎo	früh
56	**xiàwǔ**	Nachmittag
57	**diǎn**	Uhr (Uhrzeit); Stunde
	yìdiǎn	etwas, ein bisschen

---

[1] Lernen Sie bitte nur entsprechend Ihrem Herkunftsland
Àodìlì: Österreich, Ruìshì: Schweiz

Aussprachehilfe

c = ts | sh = sch | zh = dsch | ch = tsch | x = ssch

58	**shíjiān**	Zeit
	shíhou	Zeit; Zeitpunkt
59	**suì**	Jahr; Alter
60	**chéngshì**	Stadt
61	**fàndiàn**	Hotel
62	**fángjiān**	Zimmer
63	**chuáng**	Bett
	shuāngrénchuáng	Doppelbett
64	**fàn**	Essen; Mahlzeit; Reis
65	**hào**	Größe; Nummer
66	**dà**	groß; alt
67	**xiǎo**	klein
68	**hǎo**	gut; schön
	gèng hǎo	besser; schöner
	zuì hǎo	am besten; am schönsten

Sprachtipp

Eigenschaftswörter werden im Chinesischen gesteigert, indem vor das betreffende Eigenschaftswort das Wort *gèng* (mehr; noch) bzw. *zuì* (am meisten) gestellt wird. So z. B.: *Tā mǎi le zhēn duō.* (Sie hat wirklich viel gekauft.); *Tā mǎi le gèng duō.* (Sie hat noch mehr gekauft.); *Tā mǎi le zuì duō.* (Sie hat am meisten gekauft.).

dj | q = tj | h = ch | s = ss | ju = djü | qu = tjü

69	**gāoxìng**	froh, glücklich
70	**rè**	heiß; warm
71	**shūfu**	bequem; sich wohlfühlen
72	**piàoliang**	schön, gut aussehend
	zuì piàoliang	am schönsten
73	**guì**	teuer, wertvoll
74	**huài**	kaputt, defekt
75	**jiào**	heißen
76	**yǒu**	haben
	méiyǒu*	nicht haben; nicht vorhanden sein
77	**yào**	wollen; mögen; müssen
	xūyào	brauchen
78	**le***	*Wort zur Bildung der Vergangenheit*
79	**zuò**	tun, machen
80	**xǐhuan**	mögen; gefallen

Sprachtipp

Yǒu (haben) wird nicht, wie sonst üblich, mithilfe von *bù* verneint. Wird *yǒu* das Wort *méi* (nicht; nicht haben) vorangestellt, entsteht die verneinte Form *méiyǒu* (nicht haben).

Aussprachehilfe

c = ts | sh = sch | zh = dsch | ch = tsch | x = ssch

Sprachtipp

Zeitwörter werden in der chinesischen Hochsprache nicht gebeugt. Sie bleiben in ihrer Form gleich und werden in Bezug auf Person, Zeit, Anzahl und grammatisches Geschlecht nicht verändert. Die Vergangenheit wird beispielsweise durch das Hinzufügen des Wortes *le* gebildet: *Wǒ kàn le zhè běn shū.* (Ich habe dieses Buch gelesen.).

81	**néng**	können
82	**qù**	gehen; fortgehen; hingehen
83	**lái**	kommen
	láizì	kommen von/aus
84	**mǎi**	kaufen; einkaufen
85	**bāngzhù**	helfen; Hilfe
86	**sòng**	begleiten
87	**kàn**	sehen; nachsehen; sich umsehen
88	**jiàn**	sehen; treffen
	jiàndào	sehen; begegnen
89	**juéde**	meinen, finden; sich fühlen
90	**tīngdǒng**	verstehen

dj | q = tj | h = ch | s = ss | ju = djü | qu = tjü

91	**chuān**	anziehen; tragen; anprobieren
92	**kāimén**	Tür öffnen; geöffnet haben
93	**dào**	ankommen; bis; bis zu, bis nach
94	**téng**	schmerzen, wehtun; Schmerz
95	**shuō**	sagen
96	**chī**	essen
97	**hē**	trinken
98	**shuì**	schlafen
99	**diū**	verlieren
100	**zhù**	wohnen; leben

Von Mensch zu Mensch

Höflichkeit ist in China sehr wichtig. Deshalb lernen Sie in diesem Kapitel, wie Sie sich begrüßen und verabschieden, sich vorstellen und bedanken können.

Jemanden begrüßen

Die folgende Begrüßung passt zu jeder Tages- und Nachtzeit:

Nǐ hǎo.   Guten Tag./Hallo.

Etwas höflicher können Sie zur Begrüßung auch sagen:

Nín hǎo.   Guten Tag.

Etwas spezifischer können Sie Ihre Begrüßung so formulieren:

Zǎoshang hǎo.   Guten Morgen.
Wǎnshang hǎo.   Guten Abend.

> ### Sprachtipp
> *Nǐ* kann sowohl „du" als auch „Sie" bedeuten. Eine höfliche Anrede wird jedoch durch *nín* (Sie) zum Ausdruck gebracht. Hat man seinen Gesprächspartner schon etwas besser kennengelernt, kann man schnell und unkompliziert zum *nǐ* überwechseln, ohne unhöflich zu wirken.
> *Nǐ* wird in den Sätzen hier im Buch immer mit der Bedeutung „du" übersetzt, auch wenn gleichzeitig „Sie" gemeint sein kann.

Aussprachehilfe
c = ts | sh = sch | zh = dsch | ch = tsch | x = ssc

Landestipp

Wenn Sie eine Person mit Namen ansprechen, wird in China zuerst der Nachname und dann die Anrede *xiānsheng* (Herr), *nǚshì* (Frau) oder *xiǎojiě* (Fräulein) genannt, z. B. *Wǎnshang hǎo, Lǐ xiānsheng.* = Guten Abend, Herr Li.

Außerdem steht der Nachname traditionell vor dem Vornamen. Das bedeutet, dass z. B. Frau *Lín Xiǎofèng* mit Vornamen *Xiǎofèng* und mit Nachnamen *Lín* heißt.

Der Nachname bzw. Familienname besteht in den überwiegenden Fällen nur aus einer Silbe, z. B. *Wáng*, *Zhāng* oder *Lǐ*.

Nach etwas näherem Kennenlernen kann man sich mit dem gesamten Namen, dem Familiennamen und Vornamen oder auch nur mit dem Vornamen ansprechen.

Und wenn Sie sich besonders über die Begegnung freuen:

Wǒ zhēn gāoxìng jiàndào nǐ*.	Ich freue mich sehr, dich zu sehen.
Wǒmen zhēn gāoxìng jiàndào nǐ.	Wir freuen uns sehr, dich zu sehen.
Wǒ zhēn gāoxìng jiàndào nín.	Ich freue mich sehr, Sie zu sehen.
Wǒmen zhēn gāoxìng jiàndào nín.	Wir freuen uns sehr, Sie zu sehen.

= dj | q = tj | h = ch | s = ss | ju = djü | qu = tjü

Sich verabschieden

So können sie sich verabschieden:

Zàijiàn.	Auf Wiedersehen.
Wǎn'ān.	Gute Nacht.
Xiàwǔ jiàn!	Bis heute Nachmittag.
Wǎnshang jiàn.	Bis heute Abend.
Míngtiān jiàn.	Bis morgen.
Míngtiān xiàwǔ jiàn.	Bis morgen Nachmittag.
Míngtiān wǎnshang jiàn.	Bis morgen Abend.
Yì diǎn jiàn!	Bis um eins!

Sprachtipp

Bei Zeitangaben wird der Tag in China nach der 12-Stunden-Uhr unterteilt – bis auf Fahrpläne und dergleichen, die nach der 24-Stunden-Uhr erstellt sind. Es kann hierbei zusätzlich in *shàngwǔ* (Vormittag), *xiàwǔ* (Nachmittag) und *wǎnshang* (Abend) unterschieden werden.

Bei den Uhrzeiten wird zuerst die jeweilige Stunde durch die Zahl und das Wort *diǎn* (Punkt; Stunde) wiedergegeben, z. B. *bā diǎn* (8:00 h oder 20:00 h). Es folgen die Minuten, mit der Bezeichnung *fēn*. Wenn Sie eine „halbe Stunde" zum Ausdruck bringen möchten, fügen Sie das Wort *bàn* hinzu, bei einer „Viertelstunde" die Bezeichnung *kè*. So heißt 8:30 h oder 20:30 h *bā diǎn bàn* und 8:15 h *bā diǎn yí kè*.

Aussprachehilfe
c = ts | sh = sch | zh = dsch | ch = tsch | x = ssch

Míngtiān yì diǎn jiàn!	Bis morgen um eins!
Liǎng diǎn jiàn!	Bis um zwei!
Míngtiān liǎng diǎn jiàn!	Bis morgen um zwei!
… [Uhrzeit] diǎn jiàn!	Bis um …!
Míngtiān … [Uhrzeit] diǎn jiàn!	Bis morgen um …!

Weitere Zahlen zum Einsetzen finden Sie auf S. 128 und auf der hinteren Innenseite des Einbandes.

Wǒmen míngtiān jiàn.	Wir sehen uns morgen.
Wǒmen míngtiān zǎoshang jiàn.	Wir sehen uns morgen früh.
Wǒmen míngtiān wǎnshang jiàn.	Wir sehen uns morgen Abend.
Wǒmen míngtiān yì diǎn jiàn.	Wir sehen uns morgen um eins.
Wǒmen míngtiān liǎng diǎn jiàn.	Wir sehen uns morgen um zwei.

Wenn Sie sich für einen bestimmten Tag verabredet haben, sagen Sie:

[Wochentag] … jiàn!	Bis …!

Die Wochentage zum Einsetzen finden Sie auf der hinteren Klappe des Einbandes.

Von Mensch zu Mensch

= dj | q = tj | h = ch | s = ss | ju = djü | qu = tjü

Außerdem können Sie natürlich auch noch den Ort Ihres Wiedersehens benennen:

Zài fàndiàn jiàn! Wir sehen uns im Hotel!

Zài ... jiàn! Wir sehen uns im/etc. ...!

fànguǎn

jiǔbā

yóuyǒngchí

zúqiúchǎng

Míngtiān zài fàndiàn jiàn! Wir sehen uns morgen im Hotel!

Míngtiān zài ... jiàn! Wir sehen uns morgen im/etc. ...!

kāfēiguǎn

diànyǐngyuàn

Aussprachehilfe
c = ts | sh = sch | zh = dsch | ch = tsch | x = ssch

| **Míngtiān zài ... jiàn!** | Wir sehen uns morgen im/etc. ...! |

dísīkē **bówùguǎn**

Sich vorstellen

So können Sie sich oder andere Personen vorstellen:

Wǒ jiào ...	Ich heiße ...
Wǒmen jiào ...	Wir heißen ...
Wǒ xìng ...	Ich heiße mit Familiennamen ...
Wǒmen xìng ...	Wir heißen mit Familiennamen ...
Wǒmen dōu xìng ...	Wir heißen alle mit Familiennamen ...
... shì wǒ de xìng.	... ist mein Familienname.
... shì wǒmen de xìng.	... ist unser Familienname.
Wǒ shì ...	Ich bin ...

Sprachtipp

Durch *ne* (und ...?) wird eine Rückfrage zum Ausdruck gebracht. Das Wort wird immer an das Ende eines Aussagesatzes gestellt und ermöglicht es, die Meinung des Gesprächspartners zu erkunden oder eine Gegenfrage zu stellen.

Wǒ shì ..., nín ne*?	Ich bin ..., und Sie?
Wǒmen shì ...	Wir sind ...
Wǒmen shì ..., nín ne?	Wir sind ..., und Sie?
Zhè shì ... [Name/ Namen der Person/ Personen, die sie vorstellen möchten].	Das ist .../Das sind ...

Wenn man Ihnen jemanden vorstellt, können Sie sagen:

Wǒ hěn gāoxìng jiàndào nǐ.	Ich freue mich sehr, dich zu sehen.
Wǒ hěn gāoxìng jiàndào nǐmen.	Ich freue mich sehr, euch zu sehen.
Wǒ hěn gāoxìng jiàndào nín.	Ich freue mich sehr, Sie zu sehen.

Aussprachehilfe
c = ts | sh = sch | zh = dsch | ch = tsch | x = ssch

Landestipp

Die Begrüßung in China erfolgt durch ein leichtes gegenseitiges Verbeugen. Unter Kollegen und Freunden nickt man sich kurz zu. Vor allem in der Geschäftswelt hat nun auch das Händeschütteln Einzug gehalten, das jedoch schwach und ohne festes Zugreifen praktiziert wird.
Umarmungen und gegenseitige Küsschen bei Begrüßung oder Verabschiedung sind unüblich. Chinesen reagieren darauf eher überrascht und zurückhaltend.
Der Austausch von Visitenkarten ist sehr verbreitet und spielt in der Geschäftswelt eine wichtige Rolle.
Beim Überreichen wird darauf geachtet, dass die Visitenkarte dem Gegenüber mit beiden Händen überreicht und in gleicher Weise, mit beiden Händen, entgegengenommen wird. Dies verdeutlicht Höflichkeit und Respekt gegenüber dem Empfänger. Dabei wird die Visitenkarte so gehalten, dass der Text unmittelbar lesbar ist. Nach dem Empfang der Karte sollte diese nicht gleich weggesteckt, sondern erst aufmerksam gelesen werden.

Wenn Sie den Namen Ihres Gegenübers nicht kennen, sagen Sie einfach:

Nín guì xìng?*	Wie ist Ihr Nachname?
Nǐ jiào shénme míngzi?	Wie heißt du?
Nín jiào shénme míngzi?	Wie heißen Sie?
Nǐmen jiào shénme míngzi?	Wie heißt ihr?

dj | q = tj | h = ch | s = ss | ju = djü | qu = tjü

Sprachtipp

Mit der Frage *Nín guì xìng?* (Wörtl.: Wie ist Ihr werter Nachname?) wird auf sehr höfliche Weise immer nach dem Nachnamen des Gegenübers gefragt.

Das Wort „heißen" hat im Chinesischen zwei Entsprechungen. So bedeutet *xìng* „Familienname; mit Familiennamen heißen" und *jiào* „heißen". Dabei bezieht sich *jiào* sowohl auf den Vor- als auch auf den Familiennamen.

Wenn Sie den Namen Ihres Gegenübers nicht verstanden haben, sagen Sie einfach:

Duìbuqǐ, nín de míngzi wǒ tīng bù dǒng*.	Verzeihen Sie, ich habe Ihren Namen nicht verstanden.
Duìbuqǐ, nǐ de míngzi wǒ tīng bù dǒng.	Entschuldigung, ich habe deinen Namen nicht verstanden.
Wǒ tīng bù dǒng. Nǐ jiào shénme míngzi?	Ich habe es nicht verstanden. Wie war noch einmal dein Name?
Wǒ tīng bù dǒng. Nín jiào shénme míngzi?	Ich habe es nicht verstanden. Wie war noch einmal Ihr Name?
Wǒ tīng bù dǒng. Nǐmen jiào shénme míngzi?	Ich habe es nicht verstanden. Wie war noch einmal euer Name?

Aussprachehilfe
c = ts | sh = sch | zh = dsch | ch = tsch | x = ssc

> **Sprachtipp**
>
> Bei der Verneinung eines Satzes steht *bù* (nein) immer vor dem betreffenden Zeitwort. Bei einigen Zeitwörtern, die aus zwei Silben zusammengesetzt sind, steht *bù* dann zwischen den beiden getrennten Silben, so z. B. *Wǒ tīngdǒng.* = Ich verstehe. *Wǒ tīng bù dǒng.* = Ich verstehe nicht.

Falls Sie den Namen später nicht mehr parat haben sollten, scheuen Sie sich nicht zu sagen:

Qǐng* zài shuō yí cì, nǐ jiào shénme míngzi?	Bitte, wie war noch mal dein Name?
Qǐng zài shuō yí cì, nín jiào shénme míngzi?	Bitte, wie war noch einmal Ihr Name?
Qǐng zài shuō yí cì, nǐmen jiào shénme míngzi?	Bitte, wie war noch mal euer Name?

> **Sprachtipp**
>
> *Qǐng* hat im Chinesischen zwei Bedeutungen. So heißt es einerseits „bitte", wie in: *Qǐng zài shuō yí cì.* (Bitte sag es noch einmal.), oder es bedeutet „jemanden einladen": *Wǒ qǐng nǐ.* (Ich lade dich ein.).

dj | q = tj | h = ch | s = ss | ju = djü | qu = tjü

> ### Sprachtipp
> Mit Hilfe des Wortes *ma* wird aus einem Aussagesatz ein Fragesatz gebildet. *Ma* steht immer am Satzende. Die Stellung der Satzteile wird nicht verändert.
> *Tā hē kāfēi.* = Er trinkt Kaffee.
> *Tā hē kāfēi ma?* = Trinkt er Kaffee?

Nín néng zài shuō yí cì nǐ de míngzi ma*?   Könnten Sie noch einmal Ihren Namen nennen?

Fremde (Vor-)Namen können für beide Seiten zunächst ein bisschen schwierig sein, auch wenn sie noch so schön klingen:

Nǐ de míngzi shì shénme yìsi?   Was bedeutet dein Name?

> ### Landestipp
> Namen und insbesondere Vornamen haben im Chinesischen meist eine eigene Bedeutung. Sie werden von den Eltern ausgewählt, um eine spezielle Eigenschaft mit dem Sohn oder der Tochter zu verbinden. So tragen Männer meist Vornamen, die Stärke, Mut oder Beständigkeit zum Ausdruck bringen. Weibliche Vornamen symbolisieren Schönheit, Anmut oder Tugendhaftigkeit.

Aussprachehilfe
c = ts | sh = sch | zh = dsch | ch = tsch | x = ssch

Sprachtipp

Hǎo lässt sich im Deutschen mit „gut" übersetzen. Im besonderen sprachlichen Kontext hat *hǎo* auch die Bedeutung von „schön", wie z. B.: *Yí ge hěn hǎo de míngzi.* (Ein sehr schöner Name.), oder: *Tiānqì hěn hǎo.* (Das Wetter ist sehr schön.).

Nín de míngzi shì shénme yìsi?	Was bedeutet Ihr Name?
Zhè shì yí ge hěn hǎo* de* míngzi!	Das ist ein sehr schöner Name!
Zhè míngzi zhēn hǎo!	Das ist ein wirklich schöner Name!
Zhè shì yí ge fēicháng hǎo de míngzi!	Das ist ein wunderschöner Name!

Sprachtipp

Das Wort *de* wird hier verwendet, um das Hauptwort *míngzi* (Name) näher zu beschreiben. *De* verbindet *míngzi* mit dem Eigenschaftswort *hǎo* (gut). *De* steht zusammen mit dem Eigenschaftswort vor dem betreffenden Hauptwort.

Von Mensch zu Mensch

= dj | q = tj | h = ch | s = ss | ju = djü | qu = tjü

Sich bedanken

Hier sind einige Möglichkeiten, sich ganz generell zu bedanken:

Xièxie.	Danke.
Wǒ xièxie nǐ.	Ich danke dir.
Wǒ xièxie nín.	Ich danke Ihnen.
Wǒ xièxie nǐmen.	Ich danke euch.
Wǒ fēicháng xièxie nǐ.	Ich danke dir sehr.
Wǒ feīcháng xièxie nín.	Ich danke Ihnen sehr.
Fēicháng gǎnxiè.	Vielen Dank.
Duōxiè.*	Vielen Dank.

Sicherlich werden Sie nicht nur Dank aussprechen, sondern auch einmal selbst entgegennehmen. Dann können Sie erwidern:

Bú kèqi.	Bitte./Gern geschehen.

Sprachtipp

Viele Begriffe sind im Chinesischen aus ursprünglich zwei eigenständigen Wörtern zusammengesetzt, die dann den Sinn eines der beiden Wörter beibehalten, verstärken oder eine andere Bedeutung ergeben können. Zusammengesetzt aus den Wörtern *duō* (viel) und *xiè* (danken) bedeutet *duōxiè* „Vielen Dank".

Aussprachehilfe
c = ts | sh = sch | zh = dsch | ch = tsch | x = ssch

Sprachtipp

Im Chinesischen erfolgt der Satzbau grundsätzlich in der Reihenfolge Satzgegenstand, Satzaussage, Satzergänzung, wie z. B. im Satz: *Wǒ fēicháng gǎnxiè nǐ*. *Wǒ* = Satzgegenstand; *fēicháng gǎnxiè* = Satzaussage; *nǐ* = Satzergänzung. Wichtig für die klare Aussage des Satzes ist die genaue Position jedes Satzglieds. Hierbei stehen Zeitangaben, außer wenn sie betont werden sollen, hinter dem Satzgegenstand: *Tā jīntiān wǎnshang qù fàndiàn*. (Er geht heute Abend ins Hotel).

Und so können Sie Menschen danken, die ganz besonders hilfsbereit waren oder sind:

Xièxie nǐ.	Ich danke dir.
Xièxie nín.	Ich danke Ihnen.
Gǎnxiè nǐ.	Vielen Dank.
Wǒ fēicháng gǎnxiè nǐ.	Ich danke dir sehr.
Wǒ fēicháng gǎnxiè nín.	Ich danke Ihnen sehr.
Wǒmen fēicháng gǎnxiè nǐ.	Wir danken dir sehr.
Wǒmen fēicháng gǎnxiè nín.	Wir danken Ihnen sehr.
Wǒmen fēicháng gǎnxiè nǐmen.	Wir danken euch sehr.

= dj | q = tj | h = ch | s = ss | ju = djü | qu = tjü

Fēicháng gǎnxiè, nǐ zhēn hǎo.	Vielen Dank, das ist sehr nett von dir.
Fēicháng gǎnxiè, nǐmen zhēn hǎo.	Vielen Dank, das ist sehr nett von euch.
Duōxiè nǐ de bāngzhù.	Vielen Dank für deine Hilfe.
Duōxiè nín de bāngzhù.	Vielen Dank für Ihre Hilfe.
Duōxiè nǐmen de bāngzhù.	Vielen Dank für eure Hilfe.
Xièxie, nǐ duì wǒ zhēn hǎo.	Vielen Dank, Sie sind wirklich sehr freundlich zu mir.
Xièxie, nǐ duì wǒmen zhēn hǎo.	Vielen Dank, Sie sind wirklich sehr freundlich zu uns.

Natürlich können Sie sich auch für ganz konkrete Dinge bedanken:

Xièxie nǐ de lǐwù.	Vielen Dank für dein Geschenk.
Xièxie nǐmen de lǐwù.	Vielen Dank für euer Geschenk.
Xièxie nǐ de lǐwù, hěn piàoliang.	Vielen Dank für dein schönes Geschenk.
Xièxie nǐ de lǐwù, zhēn de hěn piàoliang.	Vielen Dank für dein Geschenk, es ist wirklich sehr schön.

Aussprachehilfe
c = ts | sh = sch | zh = dsch | ch = tsch | x = ssch

Landestipp

Kleine Geschenke erhalten die Freundschaft und sind so auch in China sehr beliebt. Sie werden nicht nur an Geburtstagen oder bei Einladungen als kleine Aufmerksamkeiten geschätzt, sondern spielen nach chinesischer Tradition bei der Pflege von Beziehungen eine wichtige Rolle. Als Ausdruck der gegenseitigen Wertschätzung werden sie zu Beginn und im Verlauf von Freundschaften gerne ausgetauscht. Beim Überreichen sollte das Geschenk mit beiden Händen übergeben werden. Geschenke werden auch meist nicht in Anwesenheit des Schenkenden ausgepackt, um zu zeigen, dass die Freundschaft und nicht das Geschenk im Vordergrund steht.

Xièxie nín de lǐwù, zhēn de hěn piàoliang.	Vielen Dank für Ihr Geschenk, es ist wirklich sehr schön.
Xièxie nǐ qǐng kè.	Vielen Dank für deine Einladung./Danke, dass du für mich/uns bezahlt hast.
Xièxie nín qǐng kè.	Vielen Dank für Ihre Einladung./Danke, dass Sie für mich/uns bezahlt haben.

dj | q = tj | h = ch | s = ss | ju = djü | qu = tjü

Landestipp

In China lädt man sich gerne gegenseitig zum Essen ein. Der Ausdruck *qǐngkè* (jemanden einladen) hat dabei immer auch die Bedeutung, in einem Restaurant oder bei einer gemeinsamen Unternehmung, „für jemanden bezahlen". Nach einem gemeinschaftlichen Essen ist es völlig unüblich, getrennt zu bezahlen. Die Rechnung begleicht stets der Gastgeber, wobei es als Ehrensache gilt, die Freunde oder Kollegen einzuladen. Wenn Sie zum Essen eingeladen werden, versäumen Sie nicht, das nächste Mal den chinesischen Partner einzuladen.

Xièxie nǐmen qǐng kè.	Vielen Dank für eure Einladung./Danke, dass ihr für mich/uns bezahlt habt.
Xièxie nǐ sòng wǒ dào fàndiàn.	Danke, dass du mich zum Hotel begleitet hast.
Xièxie nín sòng wǒ dào fàndiàn.	Danke, dass Sie mich zum Hotel begleitet haben.
Xièxie nǐ sòng wǒ dào …	Danke, dass du mich zum … begleitet hast.

zìxíngchē   **qìchē**

Aussprachehilfe
c = ts | sh = sch | zh = dsch | ch = tsch | x = ssch

Landestipp

In China gilt es als sehr höflich, einen Gast oder einen Freund nach einem Besuch bis zur Türe und auch darüber hinaus bis zum Auto, Taxi oder einer Haltestelle zu begleiten. Wenn der Heimweg unbekannt oder schlecht beleuchtet ist, wird der Gast sogar bis nach Hause gebracht.

Xièxie nǐ sòng wǒ dào …	Danke, dass du mich zum … begleitet hast.
 **chūzūchē**	 **fànguǎn**
 **gōnggòng qìchē**	 **huǒchēzhàn**
 **jīchǎng**	 **diànyǐngyuàn**

Von Mensch zu Mensch

= dj | q = tj | h = ch | s = ss | ju = djü | qu = tjü

Sprachtipp

Durch die feste Wendung *Hěn hǎo chī* wird stets zum Ausdruck gebracht, dass etwas besonders gut schmeckt.

Hěn hǎo chī!*	Lecker!/Es schmeckt sehr gut!
Zhēn hǎo chī!	Wirklich lecker!
Xièxie, zhè ge fàn hěn hǎo.	Danke, der Reis ist sehr gut.
Xièxie, zhè ge fàn zhēn hǎo.	Danke, der Reis ist wirklich sehr gut.
Xièxie, zhè ge … zhēn hǎo.	Danke, der/das … ist wirklich sehr gut.

chá   **kāfēi**   **yǐnliào**   **hóng pútaojiǔ**

Xièxie, zhè ge … zhēn hǎo. — Danke, das/die … ist/sind wirklich sehr gut.

tāng   **xiā**   **shuǐguǒ**

Aussprachehilfe
c = ts | sh = sch | zh = dsch | ch = tsch | x = ssch

Verständigungsprobleme lösen

Wenn Sie jemanden nicht verstanden haben, können Sie sagen:

Shénme?	Wie bitte?
Nǐ shuō shénme?	Wie bitte?/Was hast du gesagt?
Nín shuō shénme?	Wie bitte?/Was haben Sie gesagt?
Wǒ tīng bù dǒng.	Ich verstehe es nicht./Ich habe es nicht verstanden.
Wǒmen tīng bù dǒng.	Wir verstehen es nicht./Wir haben es nicht verstanden.
Nǐ shuō de wǒ tīng bù dǒng.*	Ich verstehe dich nicht./Ich habe dich nicht verstanden.

Sprachtipp

Das Wort *de* wird auch eingesetzt, um die Aussage eines Zeitworts hinsichtlich eines Zeitraums oder der Art und Weise einer Handlung näher zu beschreiben. Im Satz *Nǐ shuō de wǒ tīng bù dǒng.* entspricht die Verbindung von *de* und dem Zeitwort *shuō* (sagen) einem Relativsatz. Entsprechend kann der Satz im Deutschen auch heißen: „Das, was du gesagt hast, habe ich nicht verstanden."

---

dj | q = tj | h = ch | s = ss | ju = djü | qu = tjü

Nín shuō de wǒ tīng bù dǒng.	Ich verstehe Sie nicht./Ich habe Sie nicht verstanden.
Nǐmen shuō de wǒ tīng bù dǒng.	Ich verstehe euch nicht./ Ich habe euch nicht verstanden.

Etwas ausführlicher können Sie auch sagen:

Duìbuqǐ, nín shuō de wǒ tīng bù dǒng.	Entschuldigen Sie, ich habe Sie nicht verstanden.

Wenn Sie einen Ausdruck in diesem Buch suchen müssen und das einen Moment dauert, können Sie sagen:

Nín yào shuō shénme?	Was möchten Sie sagen?

Sprachtipp

Wenn Sie sagen möchten, dass etwas nur einen kurzen Augenblick dauert, können Sie das mit *yī* und dem betreffenden Wort zum Ausdruck bringen. So heißt z. B. *kàn yí kàn* „kurz nachsehen" oder *shuō yì shuō* „kurz etwas sagen".
Die vier Tonhöhen sind für jedes Wort festgelegt. Es gibt jedoch wie bei *bù* (nein; nicht) auch beim Wort *yī* (eins) eine Ausnahme. Folgt auf *yī* ein Wort mit dem 1., 2. oder 3. Ton, dann wird *yī* im 4. Ton (*yì*) gesprochen, z. B. bei *shuō yì shuō* (etwas sagen).
Steht nach *yī* ein Wort im 4. Ton, verändert sich die Tonhöhe zum 2. Ton, z. B. *yī* (eins) aber *yí cì* (einmal).

Aussprachehilfe
c = ts | sh = sch | zh = dsch | ch = tsch | x = ssc

Sprachtipp

Neben der Bildung von Fragesätzen mit dem Wort *ma* am Satzende gibt es noch eine weitere Möglichkeit. Sie besteht darin, das betreffende Zeitwort in seiner bejahten und verneinten Form aneinanderzureihen.
Zhè shì tā de fángjiān. = Das ist ihr Zimmer.
Zhè shì bu shì tā de fángjiān? = Ist das ihr Zimmer?

Duìbuqǐ, wǒ yào kàn yí kàn.* | Entschuldigen Sie bitte, ich muss erst kurz nachschlagen.

Duìbuqǐ, wǒ yào kàn yí kàn zhèlǐ. | Entschuldigen Sie bitte, ich muss erst kurz hier nachschlagen.

Von Mensch zu Mensch

Wenn Sie nach dem Wort für etwas Bestimmtes suchen, können Sie sich durch Gesten in Kombination mit den folgenden Sätzen dabei helfen lassen:

Zhè shì shénme? | Was ist das?

Zhè shì shénme dōngxi? | Was ist das für ein Ding/Gegenstand?

Zhè shì yí ge … ma? | Ist das ein …?

Zhè shì bu shì* yí ge …? | Ist das (nicht) ein …?

Qǐng zài shuō yí cì. | Könnten Sie das bitte noch einmal wiederholen?

dj | q = tj | h = ch | s = ss | ju = djü | qu = tjü

Smalltalk

47

Hier lernen Sie, wie Sie mit Ihren neuen Freunden über das gegenseitige Wohlbefinden, Ihre Herkunft, Ihr Alter und über den Urlaubsort sprechen können.

Das Befinden

Man erkundigt sich in China viel nach dem Befinden seiner Mitmenschen – auch wenn niemand eine sehr ausführliche Antwort erwartet. Die Standardfrage lautet also:

Nǐ hǎo ma?*	Wie geht es dir?
Nín hǎo ma?	Wie geht es Ihnen?
Nǐ zěnmeyàng?	Wie geht's?
Nǐ jīntiān zěnmeyàng?	Wie geht's dir heute?
Nǐ hǎo bu hǎo?	Geht es dir gut?
Nín hǎo bu hǎo?	Geht es Ihnen gut?

Sprachtipp

Eigenschaftswörter werden im Chinesischen auch als Zeitwörter verwendet. Sie übernehmen dann die Funktion der Satzaussage. So dient in dem Fragesatz *Nǐ hǎo ma?* (Wie geht es dir?) das Eigenschaftswort *hǎo* (gut) als Satzaussage. Die grundlegende Bedeutung des Satzes ist demnach „Geht es dir gut?".

Werden Eigenschaftswörter auf diese Weise eingesetzt, so werden sie zumeist von bestimmten Umstandswörtern, wie *hěn* (sehr), *zhēn* (wirklich), *fēicháng* (äußerst), ergänzt:
Tā hěn piàoliang. = Sie ist sehr schön.

Aussprachehilfe
c = ts | sh = sch | zh = dsch | ch = tsch | x = ssc

Wenn es jemandem nicht so gut ging, können Sie sagen:

Nǐ hǎo yìdiǎn ma?	Geht es dir denn etwas besser?
Nín hǎo yìdiǎn ma?	Geht es Ihnen denn etwas besser?
Nǐ jīntiān hǎo yìdiǎn ma?	Geht es dir heute denn etwas besser?
Nín jīntiān hǎo yìdiǎn ma?	Geht es Ihnen heute denn etwas besser?

Meist wird die Frage nach dem Befinden positiv beantwortet:

Hǎo.	Gut.
Hěn hǎo.	Sehr gut.
Hěn hǎo, xièxie.	Sehr gut, danke.
Hǎo, xièxie.	Gut, danke.
Hǎo, nǐ ne?	Gut, und dir?
Hǎo, nǐmen ne?	Gut, und euch?
Hǎo, nín ne?	Gut, und Ihnen?
Wǒ hěn hǎo, nǐ ne?	Mir geht es sehr gut, und dir?
Wǒ hěn hǎo, nǐmen ne?	Mir geht es sehr gut, und euch?
Jīntiān hǎo duō le.	Heute geht es viel besser.

dj | q = tj | h = ch | s = ss | ju = djü | qu = tjü

> ### Sprachtipp
>
> Das Wort *le* bezeichnet in dem Satz *Wŏ hăo duō le.* (Es geht mir viel besser.) nicht die Abgeschlossenheit der Handlung und damit eine Form der Vergangenheit. Durch *le* am Ende eines Satzes wird die Änderung einer bestehenden Situation zum Ausdruck gebracht oder einer Aussage mehr Nachdruck verliehen.

Wŏ hăo duō le.*	Es geht mir viel besser.
Wŏ yĭjīng hăo duō le.	Es geht mir schon viel besser.
Wŏmen yĭjīng hăo duō le.	Es geht uns schon viel besser.

Natürlich kann die Antwort auch einmal nicht so positiv ausfallen:

Bù hăo.	Nicht gut.
Bú tài hăo.	Nicht so gut.
Wŏ bú tài shūfu.	Es geht mir nicht so gut./ Ich fühle mich nicht sehr wohl.
Wŏmen bú tài shūfu.	Es geht uns nicht so gut./ Wir fühlen uns nicht sehr wohl.

Aussprachehilfe
c = ts | sh = sch | zh = dsch | ch = tsch | x = ssch

Wǒ jīntiān bú tài shūfu.	Es geht mir heute nicht so gut.
Wǒmen jīntiān bú tài shūfu.	Es geht uns heute nicht so gut.

Herkunft

Die Herkunft ist gerade im Urlaub eines der ersten Themen, die sich ergeben. Fragen dazu können Sie folgendermaßen stellen und beantworten:

Nǐ cóng nǎli lái?	Woher kommst du?
Nín cóng nǎli lái?	Woher kommen Sie?
Nǐ shì nǎ guó rén?*	Aus welchem Land kommst du?
Nín shì nǎ guó rén?	Aus welchem Land kommen Sie?

Sprachtipp

Die Frage *Nǐ shì nǎ guó rén?* (Aus welchem Land kommst du?) ist eine feste Wendung, die Sie in China sicherlich öfter hören werden.
Nǎli wird auch häufig im Anschluss an ein Kompliment erwidert und ist im Sinne von „ach woher denn" eine höfliche, bescheidene Abwehr.

---

dj | q = tj | h = ch | s = ss | ju = djü | qu = tjü

Sprachtipp

Shénme hat als Fragewort die grundsätzliche Bedeutung von „was". Bei Fragen nach einem bestimmten Gegenstand innerhalb des Fragesatzes kann *shénme* auch mit „was für ein/eine" oder „welche, welcher, welches" übersetzt werden. Mit *shénme* wird nur nach Gegenständen, nicht jedoch nach Personen gefragt.

Wǒ láizì Déguó[1].	Ich komme aus Deutschland.
Wǒmen láizì Déguó.	Wir kommen aus Deutschland.
Déguó shénme* chéngshì?	Aus welcher Stadt in Deutschland?
Wǒ láizì … [Name der Stadt].	Ich komme aus …
Wǒmen láizì … [Stadt].	Wir kommen aus …
Nǐ zài Déguó zhù* zài shénme chéngshì?	Und in welcher Stadt in Deutschland lebst du?
Nín zài Déguó zhù zài shénme chéngshì?	Und in welcher Stadt in Deutschland leben Sie?
Wǒ zài Déguó zhù zài … [Stadt].	In Deutschland lebe ich in …

---

[1] Àodìlì: Österreich, Ruìshì: Schweiz

Aussprachehilfe
c = ts | sh = sch | zh = dsch | ch = tsch | x = ssc

> **Sprachtipp**
>
> Das Wort *zhù* bedeutet im Chinesischen sowohl „leben"
> als auch „wohnen". So kann der Satz *Wŏ zhù zài* … „Ich lebe
> in …" auch mit „Ich wohne in …" übersetzt werden.

Wŏ zhù zài … **[Stadt].**	Ich lebe in …
Wŏmen zhù zài … **[Stadt].**	Wir leben in …

Möglicherweise ist Ihre Stadt oder Ihr Ort im Ausland
gar nicht so unbekannt, wie Sie vielleicht dachten.
Oder der Herkunftsort Ihres Gegenübers ist Ihnen
auch schon ein Begriff:

Nàli wŏ qù le* **yí cì!**	Dort war ich schon einmal!

> **Sprachtipp**
>
> Die Vergangenheit wird im Chinesischen nicht durch die
> Beugung des Zeitwortes erzielt, sondern indem das Wort *le*
> direkt hinter das betreffende Zeitwort gesetzt wird. So wird
> zum Ausdruck gebracht, dass eine Handlung abgeschlossen
> ist.
> *Wŏ qù fàndiàn.* = Ich gehe ins Hotel.
> *Wŏ qù le fàndiàn.* = Ich bin ins Hotel gegangen.

* dj | q = tj | h = ch | s = ss | ju = djü | qu = tjü

Sprachtipp

Durch *cì* (-mal) wird beschrieben, dass etwas mehrmals stattfindet oder vor sich geht. Um die genaue Anzahl zu nennen, muss *cì* hinter das entsprechende Zahlwort gesetzt werden, z. B. *yí cì* (einmal), *liǎng cì* (zweimal) etc.

Wǒ qù le Déguó[1] yí cì*!	Ich bin schon einmal nach Deutschland gefahren!
Wǒ hěn xǐhuan Déguó.	Ich mag Deutschland sehr.
Wǒmen hěn xǐhuan Déguó.	Wir mögen Deutschland sehr.
Zài … [Stadt] yǒu méiyǒu* hǎo chī de?	Gibt es in … nicht sehr gutes Essen?

Sprachtipp

Das Zeitwort *yǒu* (haben) wird nicht mit Hilfe von *bù* (nein) verneint. Für die Verneinung von *yǒu* wird das Wort *méi* (nicht; nicht haben) vorangestellt: *Wǒ méiyǒu shíjiān.* = Ich habe keine Zeit.
Ein Fragesatz mit der verneinten Form des Zeitworts wird entsprechend durch *yǒu méiyǒu* gebildet, z. B.: *Nǐ yǒu méiyǒu shíjiān?* = Hast du Zeit?

---

[1] Àodìlì: Österreich, Ruìshì: Schweiz

Aussprachehilfe
c = ts | sh = sch | zh = dsch | ch = tsch | x = ssc

Zài ... [Stadt] yǒu méiyǒu hěn hǎo de ...? Gibt es in ... nicht sehr gute/s ...?

qìchē píjiǔ yùndòngxié

Zài ... [Stadt] yǒu méiyǒu hěn hǎo de fàndiàn? Gibt es in ... nicht sehr gute Hotels?

Zài ... [Stadt] yǒu méiyǒu hěn hǎo de ...? Gibt es in ... nicht sehr gute ... ?

shāngdiàn fànguǎn bówùguǎn

Alter

Manche Menschen zieren sich ein wenig, wenn es um ihr Alter geht. In China ist diese Frage bereits nach einem ersten Kontakt und gerade beim Aufbau freundschaftlicher Beziehungen völlig üblich. Meist werden Sie gefragt:

Nǐ duō dà?* Wie alt bist du?

dj | q = tj | h = ch | s = ss | ju = djü | qu = tjü

Sprachtipp

Nǐ duō dà? (Wie alt bist du?) ist nicht nur eine häufig gestellte Frage in persönlichen Gesprächen, sondern auch eine feste Wendung im Chinesischen.
Das Eigenschaftswort *dà* wird hierbei nicht mit „groß" übersetzt, sondern hat die Bedeutung von „alt".

Nǐ duō dà le?	Wie alt bist du?
Nín duō dà?	Wie alt sind Sie?

… und dann können Sie antworten:

Wǒ … [Zahl] suì.	Ich bin … Jahre alt.
Wǒ yǐjīng … [Zahl] suì.	Ich bin schon … Jahre alt.

Die Zahlen finden Sie auf S. 128 und auf der hinteren Innenseite des Einbandes.

Wǒ bǐ* nǐ dà yí suì.	Ich bin ein Jahr älter als du.
Wǒ bǐ nín dà yí suì.	Ich bin ein Jahr älter als Sie.

Sprachtipp

Mit dem Verhältniswort *bǐ* (im Vergleich zu, als) wird ein Vergleich zum Ausdruck gebracht. *Bǐ* steht immer vor dem Satzteil, der in den Vergleich gesetzt werden soll, z. B.:
Wǒ chī le bǐ nǐ duō. = Ich habe mehr als du gegessen.

Aussprachehilfe
c = ts | sh = sch | zh = dsch | ch = tsch | x = ssc

Landestipp

Die Frage nach dem Alter ist in China völlig normal. Auch wenn man sich noch nicht gut kennt, erkundigt man sich traditionell gerne nach dem Alter, dem Familienstand oder nach möglichen Kindern. Seien Sie also nicht überrascht, wenn Ihnen Ihr chinesischer Gesprächspartner schon bei einer ersten Begegnung sehr persönliche Fragen stellt. Dies dient einem besseren Kennenlernen und dem Aufbau guter freundschaftlicher Beziehungen.

Wǒ bǐ nǐ dà liǎng suì.	Ich bin zwei Jahre älter als du.
Wǒ bǐ nǐ dà … [Zahl] suì.	Ich bin … Jahre älter als du.

Urlaubsgeplauder

Nachfolgend lernen Sie auszudrücken, wie es Ihnen an Ihrem Urlaubsort zurzeit gefällt. Zunächst hoffen wir natürlich, dass es Ihnen gut gefällt:

Nǐ xǐhuan zhèlǐ ma?	Gefällt es dir hier?
Nǐ xǐhuan bù xǐhuan zhèlǐ?	Gefällt es dir hier?
Nín xǐhuan zhèlǐ ma?	Gefällt es Ihnen hier?
Nǐmen xǐhuan bù xǐhuan zhèlǐ?	Gefällt es euch hier?

= dj | q = tj | h = ch | s = ss | ju = djü | qu = tjü

Nǐ xǐhuan zhè ge chéngshì ma?	Gefällt dir diese Stadt?
Xǐhuan.*	Ja.
Wǒ hěn xǐhuan.	Ja, es gefällt mir sehr.
Wǒmen hěn xǐhuan.	Ja, es gefällt uns sehr.
Wǒ juéde zhèlǐ hěn hǎo.	Ich finde es sehr schön hier.
Wǒ juéde zhèlǐ fēicháng hǎo.	Ich finde es äußerst schön hier.
Nǐ juéde zhèlǐ yǒu yìsi* ma?	Findest du es hier interessant?
Nǐmen juéde zhèlǐ yǒu yìsi ma?	Findet ihr es hier interessant?

Sprachtipp

„Ja" lässt sich im Chinesischen auf unterschiedliche Weise ausdrücken. Grundsätzlich können Sie bei einer positiven Antwort das Wort *shì* benutzen, wie z. B.: *Nǐ mǎi le zhè ge piào ma?* (Hast du dieses Ticket gekauft?) – *Shì, wǒ mǎi le.* (Ja, ich habe es gekauft.).
Eine andere Möglichkeit besteht darin, das Zeitwort aus der vorangegangenen Frage zu wiederholen:
Nǐ xǐhuan zhè ge fàndiàn ma? (Magst du dieses Hotel?) – *Xǐhuan.* (Ja.).

Aussprachehilfe
c = ts | sh = sch | zh = dsch | ch = tsch | x = ssch

> ### Sprachtipp
> Yīsi (Bedeutung, Sinn) erhält in Verbindung mit anderen Wörtern ganz unterschiedliche Bedeutungen. Wird es mit *yǒu* zu *yǒu yìsi* zusammengesetzt, heißt es „interessant".

Hěn yǒu yìsi.	Sehr interessant.
Fēicháng yǒu yìsi.	Äußerst interessant.
Wǒ juéde zhèlǐ hěn yǒu yìsi.	Ja, ich finde es hier sehr interessant.
Wǒ juéde zhèlǐ zhēn yǒu yìsi.	Ja, ich finde es wirklich sehr interessant hier.
Zhèlǐ bǐ Déguó hǎo.	Es ist hier schöner als in Deutschland.
Zhèlǐ bǐ … [Stadt] hǎo.	Es ist hier schöner als in …
Zhèlǐ bǐ … [Stadt] hǎo. Nǐ juéde ne?	Es ist hier schöner als in … . Was meinst du?
Wǒ hěn xǐhuan … [Stadt].	Ich mag … sehr.
Wǒmen hěn xǐhuan … [Stadt].	Wir mögen … sehr.
Wǒ hěn xǐhuan … [Stadt], nǐ ne?	Ich mag … sehr, und du?

Smalltalk

= dj | q = tj | h = ch | s = ss | ju = djü | qu = tjü

Wǒ hěn gāoxìng zài zhèlǐ.	Ich bin sehr froh, hier zu sein.
Wǒmen hěn gāoxìng zài zhèlǐ.	Wir sind sehr froh, hier zu sein.
Zhèlǐ de fàndiàn hěn hǎo.	Die Hotels sind sehr gut hier.
Zhèlǐ de … hěn hǎo.	Die/Das … ist/sind sehr gut hier.

kāfēiguǎn   **fànguǎn**   **shuǐguǒ**

Zhèlǐ de … hěn piàoliang.	Die … ist/sind sehr schön hier.

fēngjǐng   **shān**   **sìmiào**

Aussprachehilfe
c = ts | sh = sch | zh = dsch | ch = tsch | x = ssc

Leider hat man aber manchmal auch Pech, oder es war woanders einfach noch schöner:

Nǐ bù xǐhuan zhèlǐ ma?	Gefällt es dir hier nicht?
Nǐmen bù xǐhuan zhèlǐ ma?	Gefällt es euch hier nicht?
Nǐ bù xǐhuan zhè ge chéngshì ma?	Gefällt dir diese Stadt nicht?
Nǐmen bù xǐhuan zhè ge chéngshì ma?	Gefällt euch diese Stadt nicht?
Nǐ juéde zhèlǐ bù hǎo ma?	Findest du es nicht schön hier?
Nín juéde zhèlǐ méiyǒu yìsi ma?	Finden Sie es hier nicht interessant?
Wǒ bù xǐhuan zhèlǐ.	Es gefällt mir hier nicht.
Wǒ bù xǐhuan zhèlǐ, nǐ ne?	Es gefällt mir hier nicht, und dir?
Wǒ juéde zhèlǐ zhēn méiyǒu yìsi.	Ich finde es hier überhaupt nicht interessant.
Wǒ juéde zhèlǐ bú tài hǎo.	Ich finde es hier nicht so schön.
Wǒ juéde zhèlǐ bú tài hǎo, nǐ ne?	Ich finde es hier nicht so schön, und du?
Zài ... [Stadt] bǐ zhèlǐ hǎo.	In ... ist es schöner.

dj | q = tj | h = ch | s = ss | ju = djü | qu = tjü

Zài ... [Stadt] bǐ zhèlǐ gèng hǎo.	In ... ist es viel schöner.
Zài ... [Stadt] fàndiàn bǐ zhèlǐ hǎo.	In ... ist das Hotel/sind die Hotels schöner.
Zài ... [Stadt] ... bǐ zhèlǐ hǎo.	In ... ist/sind der/etc. ... schöner.

shìchǎng  sìmiào  shān

Nǐ juéde zhèlǐ yǒu shénme bù hǎo?	Was findest du hier nicht schön?

Urlaubsgestaltung

Und so können Sie sich über Ihre Gewohnheiten während des Urlaubs unterhalten:

Wǒ shuì de* hěn wǎn.	Ich gehe spät schlafen.
Wǒ shuì de hěn wǎn, nǐ ne?	Ich gehe spät schlafen, und du?
Wǒmen shuì de hěn wǎn.	Wir gehen spät schlafen.

Aussprachehilfe
c = ts | sh = sch | zh = dsch | ch = tsch | x = ssc

> **Sprachtipp**
>
> Das Wort *de* dient auch hier dazu, das Zeitwort *shuì* (schlafen) bzw. die Handlung näher zu charakterisieren und einen Bezug zu dem Umstandswort *wǎn* (spät) herzustellen.

Nǐ shuì de hěn wǎn ma?	Gehst du spät schlafen?
Nǐ shuì de hěn wǎn!	Du gehst spät schlafen!
Wǒ shuì de zǎo.	Ich gehe früh schlafen.
Wǒ shuì de hěn zǎo.	Ich gehe sehr früh schlafen.
Wǒmen shuì de zǎo.	Wir gehen früh schlafen.
Wǒ shuì de hěn zǎo, nǐ ne?	Ich gehe ziemlich früh schlafen, und du?
Nǐ xǐhuan zuò shénme?	Was machst du denn gerne?
Nín xǐhuan zuò shénme?	Was machen Sie denn gerne?
Wǒ xǐhuan mǎi dōngxi.	Ich kaufe gerne ein./Ich gehe gerne einkaufen.
Wǒ hěn xǐhuan qù chéngshì mǎi dōngxi.	Ich gehe sehr gerne in die Stadt zum Einkaufen.
Wǒ xǐhuan chī fàn.	Ich esse gerne Reis.
Wǒ hěn xǐhuan mǎi lǐwù.	Ich kaufe gerne Geschenke.

dj | q = tj | h = ch | s = ss | ju = djü | qu = tjü

Wǒ hěn xǐhuan …   Ich … sehr gerne …

mànyóu

huáxuě

qí zìxíngchē

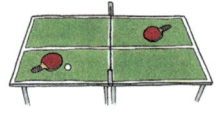
dǎ pīngpāngqiú

Oder Sie unterhalten sich darüber, wie lange die schöne Zeit bereits dauert:

Nǐ zài zhèlǐ duōjiǔ?	Wie lange bist du hier?
Nǐmen zài zhèlǐ duōjiǔ?	Wie lange seid ihr hier?
Nǐ zài zhèlǐ duōshao tiān?	Wie viele Tage bist du hier?
Nín zài zhèlǐ duōshao tiān?	Wie viele Tage sind Sie hier?
Nǐ yǐjīng zài zhèlǐ duōjiǔ?	Wie lange bist du schon hier?
Nǐmen yǐjīng zài zhèlǐ duōjiǔ?	Wie lange seid ihr schon hier?

Aussprachehilfe
c = ts | sh = sch | zh = dsch | ch = tsch | x = ssc

Wǒ zài zhèlǐ yì tiān.	Ich bin einen Tag hier.
Wǒ zài zhèlǐ liǎng tiān.	Ich bin zwei Tage hier.
Wǒ zài zhèlǐ … [Zahl] tiān.	Ich bin … Tage hier.
Wǒ yǐjīng zài zhèlǐ … [Zahl] tiān, nǐ ne?	Ich bin schon … Tage hier, und du?
Wǒmen yǐjīng zài zhèlǐ … [Zahl] tiān, nǐmen ne?	Wir sind schon … Tage hier, und ihr?

Zahlen zum Einsetzen finden Sie auf S. 128 und auf der hinteren Innenseite des Einbandes.

Wǒ cóng … [Wochentag] zài zhèlǐ, nǐ ne?	Ich bin seit … hier, und du?

Die Wochentage zum Einsetzen finden Sie auf der hinteren Klappe des Einbandes.

Das Wetter

Auch das sehr unterschiedliche chinesische Wetter bietet sich als gutes Gesprächsthema an:

Jīntiān tiānqì zěnmeyàng?	Wie wird das Wetter heute werden?

dj | q = tj | h = ch | s = ss | ju = djü | qu = tjü

Sprachtipp

Wenn Sie eine Frage bejahen möchten, können Sie dies auch mit *duì* (richtig) zum Ausdruck bringen. Bei einer positiven Antwort an den Satzanfang gestellt, erhält es die Bedeutung von „ja", z. B.: *Nǐ xǐhuan tāmen ma?* (Magst du sie?) – *Duì, wǒ xǐhuan tāmen.* (Ja, ich mag sie.).

Míngtiān tiānqì zěnmeyàng?	Wie wird das Wetter morgen werden?
Jīntiān tiānqì hǎo.	Heute ist schönes Wetter.
Jīntiān tiānqì hěn hǎo.	Heute ist sehr schönes Wetter.
Duì*, jīntiān tiānqì hěn hǎo.	Ja, heute ist sehr schönes Wetter.
Tiānqì zhēn hǎo!	Das Wetter ist wirklich wunderschön!
Duì, jīntiān tiānqì zhēn hǎo!	Ja, das Wetter ist heute wirklich wunderschön!
Zài zhèlǐ tiānqì fēicháng hǎo.	Das Wetter hier ist fantastisch.

In China kann es gerade im Sommer sehr warm und bisweilen drückend heiß werden. Dann können Sie beispielsweise sagen:

Tiānqì hěn rè!	Es ist sehr heiß!

Aussprachehilfe
c = ts | sh = sch | zh = dsch | ch = tsch | x = ss

Landestipp

In China wird es in den Sommermonaten sowohl im Süden als auch im Norden des Landes äußerst heiß. Dazu ist es häufig sehr schwül. So liegen im vergleichsweise nördlichen Beijing die Tagestemperaturen bereits ab Mai bei über 25 Grad. In den Städten südlich des Jangtse wird es noch wärmer, wie z. B. in den sogenannten „drei Glutöfen Chinas", Chongqing, Wuhan und Nanjing. Das subtropische und tropische Klima führt zu milden Wintern in Südchina. Als beste Jahreszeit für Reisen im ganzen Land gilt der Herbst, auch aufgrund seiner angenehmen Temperaturen.

Jīntiān tiānqì hěn rè!	Heute ist es sehr heiß!
Jīntiān tiānqì tài rè!	Heute ist es einfach zu heiß!
Wǒ juéde tài rè!	Ich finde es zu heiß!

Leider scheint jedoch auch in China nicht immer die Sonne:

Jīntiān tiānqì bù hǎo.	Heute ist das Wetter schlecht.
Tiānqì bù hǎo.	Das Wetter ist schlecht.
Tiānqì zhēn bù haò.	Das Wetter ist wirklich schlecht.

dj | q = tj | h = ch | s = ss | ju = djü | qu = tjü

Zài Déguó[1] tiānqì hǎo ma?	Ist das Wetter in Deutschland gut?
Zài Déguó tiānqì zěnmeyàng?	Wie ist das Wetter in Deutschland?
Zài Déguó yǒu hěn duō …	In Deutschland gibt es viel …
Zài Déguó wǒmen méiyǒu hěn duō …	In Deutschland haben wir nicht so viel …
Zài Déguó yǐjīng yǒu hěn duō …	In Deutschland gibt es bereits viel …

yǔ

yángguāng

Komplimente und Lob

Wer würde sich nicht ab und zu über ein kleines Kompliment freuen? So geht's auf Chinesisch:

Nǐ jīntiān hěn piàoliang*.	Du siehst heute sehr gut aus.
Nín jīntiān hěn piàoliang.	Sie sehen heute sehr gut aus.

---

[1] Àodìlì: Österreich, Ruìshì: Schweiz

Aussprachehilfe
c = ts | sh = sch | zh = dsch | ch = tsch | x = ss

Sprachtipp

Wenn Sie im Chinesischen einer Frau ein besonderes Kompliment zu ihrem Äußeren und ihrer Kleidung machen möchten, verwenden Sie das Wort *piàoliang* (schön, gut aussehend), z. B.: *Nín jīntiān wǎnshang fēicháng piàoliang.* = Sie sind heute Abend wunderschön.
Für die Beschreibung des Äußeren wird *hǎo* allein, im Sinne von „schön", nicht benutzt. Es kann in diesem Fall nur zusammen mit *kàn* (*hǎokàn*) verwendet werden und hat dann die Bedeutung von „schön/gut aussehend", so z. B.: *Nǐ zhēn hǎokàn.* = Du bist sehr schön.

Nǐ jīntiān wǎnshang zhēn piàoliang.	Du siehst heute Abend wirklich sehr gut aus.
Zhè ge nǐ zuò de hěn hǎo.	Dies hast du sehr gut gemacht.
Zhè ge lǐwù nǐ mǎi de zhēn hǎo.	Dieses Geschenk hast du wirklich gut gekauft.
Nǐ jīntiān chuān de zhēn piàoliang.	Du bist heute wirklich schön angezogen.
Nǐ de ... zhēn piàoliang.	Dein/e ... sieht wirklich gut aus.

máoyī   **chènshān**   **lǐngdài**

dj | q = tj | h = ch | s = ss | ju = djü | qu = tjü

Nǐ chuān de ... fēicháng piàoliang.   Der/etc. ..., den/die du trägst, ist wunderschön.

qúnzi   **kùzi**   **wéijīn**

Das Wort **hǎo** können Sie immer wieder und für alles Mögliche verwenden:

Zhè ge fàndiàn hěn hǎo.   Dieses Hotel ist sehr gut.

Zhè ge ... hěn hǎo.   Dieser/Dieses ... ist sehr gut.

chá   **fànguǎn**   **qìchē**

Wenn Ihnen etwas besonders gut gefällt, können Sie es so ausdrücken:

Zhè hěn hǎo!   Das ist sehr gut!

Zhè zhēn hǎo!   Das ist echt gut!

Zhè fēicháng hǎo!   Das ist super!

Aussprachehilfe
c = ts | sh = sch | zh = dsch | ch = tsch | x = ss

… oder Sie sagen einfach:

Zhēn hǎo!	Ausgezeichnet!
Fēicháng hǎo!	Super!
Tài hǎo le!	Wunderbar!

dj | q = tj | h = ch | s = ss | ju = djü | qu = tjü

Unterkunft

Wie Sie eine passende Unterkunft finden, sich mit dem Personal an der Rezeption sicher verständigen, ein Zimmer mit allen gewünschten Extras bekommen und sich über Mängel beschweren, lernen Sie in diesem Kapitel.

Zimmersuche

So können Sie sich nach einer Unterkunft erkundigen:

Wǒ yào yí ge fángjiān.	Ich möchte ein Zimmer.
Wǒmen yào yí ge fángjiān.	Wir möchten ein Zimmer.
Wǒmen yào liǎng ge fángjiān.	Wir möchten zwei Zimmer.
Nǎli yǒu yí ge xiǎo de fàndiàn?	Wo ist ein kleines Hotel?/ Wo finde ich ein kleines Hotel?
Nǎli yǒu yí ge dà de fàndiàn?	Wo ist ein großes Hotel?/ Wo finde ich ein großes Hotel?

Landestipp

In China gibt es vor allem in den großen Metropolen eine ganze Reihe von exquisiten Luxushotels. Aber auch Hotels der mittleren Kategorie sowie einfachere Unterkünfte sind in allen Städten und teilweise auf dem Land vorhanden. In den letzten Jahren hat sich ein Trend zu günstigeren Übernachtungsmöglichkeiten abgezeichnet. So findet man nun mehr und mehr kleine Bed-and-Breakfast-Hotels (B&B). Neuerdings sind auch Übernachtungen in Familienpensionen möglich, wobei der Gast günstig wohnen kann und interessante Einblicke in das Leben chinesischer Familien erhält.

Aussprachehilfe
c = ts | sh = sch | zh = dsch | ch = tsch | x = ssch

Nǎli yǒu yí ge piàoliang de fàndiàn?	Wo ist ein schönes Hotel?/Wo finde ich ein schönes Hotel?
Zhèlǐ yǒu … ma?	Gibt es hier eine Touristeninformation?

lǚyóuzīxúnchù

Nàli zěnme qù?	Wie kommt man dorthin?
Wǒ zěnme qù nàli?	Wie komme ich dorthin?
Wǒ zěnme qù?	Wie komme ich dorthin?
Wǒmen zěnme qù nàli?	Wie kommen wir dorthin?
Wǒmen zěnme qù?	Wie kommen wir dorthin?
Shénme shíhou kāimén?	Um wie viel Uhr ist geöffnet?/Wann ist geöffnet?
Nàli shénme shíhou kāimén?	Um wie viel Uhr ist dort geöffnet?/Wann ist dort geöffnet?
Xièxie nǐ de bāngzhù.	Danke für deine Hilfe.
Xièxie nín de bāngzhù.	Danke für Ihre Hilfe.
Xièxie nǐmen de bāngzhù.	Danke für eure Hilfe.

= dj | q = tj | h = ch | s = ss | ju = djü | qu = tjü

Wenn Sie dann in der Touristeninformation sind, können Sie fragen:

Zài zhèlǐ yǒu méiyǒu yí ge fàndiàn?	Gibt es hier ein Hotel?
Zài zhèlǐ yǒu yí ge fàndiàn ma?	Gibt es hier ein Hotel?
Zài zhèlǐ yǒu yí ge ... ma?	Gibt es hier ein ...?

sānxīng fàndiàn

sìxīng fàndiàn

B&B (Bed-and-Breakfast)

Nín yǒu méiyǒu yí ge ...?	Haben Sie einen Stadtplan?

dìtú

Cóng zhěli dào fàndiàn zěnme qù?	Wie kommt man von hier zum Hotel?
Wǒ cóng zhěli dào fàndiàn zěnme qù?	Wie komme ich von hier zum Hotel?

Aussprachehilfe
c = ts | sh = sch | zh = dsch | ch = tsch | x = ssch

Um Überraschungen vorzubeugen, sollten Sie Ihre Preisvorstellungen deutlich machen:

Wǒ xūyào yí ge bú guì de fángjiān.	Ich brauche ein günstiges Zimmer.
Wǒ xūyào yí ge bú tài guì de fángjiān.	Ich brauche ein Zimmer, das nicht so teuer ist.
Wǒ yào yí ge bú tài guì de fángjiān.	Ich möchte ein Zimmer, das nicht so teuer ist.
Wǒmen yào yí ge bú tài guì de fángjiān.	Wir möchten ein Zimmer, das nicht so teuer ist.
Nín yǒu bú tài guì de fángjiān ma?	Haben Sie günstige Zimmer?/Haben Sie Zimmer, die nicht so teuer sind?

An der Rezeption

Vielleicht haben Sie bereits im Voraus ein Zimmer reserviert:

Wǒmen shì cóng Déguó[1] lái de.	Wir kommen aus Deutschland.
Wǒ yǒu nǎ ge fángjiān?	Welches Zimmer habe ich?
Wǒmen yǒu nǎ ge fángjiān?	Welches Zimmer haben wir?

---

[1] Àodìlì: Österreich, Ruìshì: Schweiz

dj | q = tj | h = ch | s = ss | ju = djü | qu = tjü

Auch ohne Reservierung lässt sich aber hoffentlich etwas finden:

Nín yǒu méiyǒu yí ge fángjiān?	Haben Sie ein Zimmer?
Nín yǒu méiyǒu liǎng ge fángjiān?	Haben Sie zwei Zimmer?
Nín yǒu jīntiān wǎnshang de fángjiān ma?	Haben Sie noch Zimmer für heute Nacht?
Wǒmen yào yí ge yì chuáng de fángjiān.	Wir möchten gerne ein Zimmer mit einem Bett.
Shì yí ge dà de chuáng ma?	Ist es ein großes Bett?
Chuáng hěn dà ma?	Ist das Bett sehr groß?/ Sind die Betten groß?
Chuáng dà bú dà?*	Ist das Bett groß?/ Sind die Betten groß?
Wǒ xūyào yí ge dà chuáng.	Ich brauche ein großes Bett.

Sprachtipp

Da Hauptwörter keine Mehrzahlbildung haben und kein eigenes Zahlwort die genaue Anzahl beschreibt, kann der Satz: *Chuáng dà bú dà?* sowohl: „Ist das Bett groß" als auch: „Sind die Betten groß" bedeuten.

Aussprachehilfe

c = ts | sh = sch | zh = dsch | ch = tsch | x = ssc

Wǒ yào yí ge shuāngrénchuáng.	Ich möchte ein Doppelbett.
Wǒmen yào yí ge shuāngrénchuáng.	Wir möchten ein Doppelbett.
Wǒmen yào yí ge shuāngrénchuáng fángjiān.	Wir möchten ein Zimmer mit Doppelbett.
Wǒmen yào yí ge liǎng chuáng de fángjiān.	Wir möchten ein Zimmer mit zwei Betten./Wir möchten ein Zweibettzimmer.
Fángjiān yǐjīng hǎo le ma?	Ist das Zimmer schon fertig?
Wǒ de fángjiān yǐjīng hǎo le ma?	Ist mein Zimmer schon fertig?
Wǒmen de fángjiān yǐjīng hǎo le ma?	Ist unser Zimmer schon fertig?/Sind unsere Zimmer schon fertig?
Wǒ yào* zài zhèlǐ yī tiān.	Ich möchte einen Tag hier sein./Ich werde einen Tag hier sein.
Wǒmen zài zhèlǐ yī tiān.	Wir sind einen Tag hier.
Wǒmen yào zài zhèlǐ yī tiān.	Wir möchten einen Tag hier sein./Wir werden einen Tag hier sein.

Unterkunft

dj · | q = tj | h = ch | s = ss | ju = djü | qu = tjü

> **Sprachtipp**
>
> Durch das Wort *yào* (wollen; mögen; müssen) wird im Chinesischen eine Form der Zukunft gebildet. *Yào* steht in diesem Fall vor dem Zeitwort, das in die Zukunftsform gesetzt werden soll, z. B.: *Wǒ mǎi yí ge lǐwù.* (Ich kaufe ein Geschenk.). *Míngtiān wǒ yào mǎi yí ge lǐwù.* (Morgen werde ich ein Geschenk kaufen.).

Wǒmen yào zài zhèlǐ ... [Zahl] tiān.	Wir möchten ... Tage hier sein./Wir werden ... Tage hier sein.

Die Zahlen finden Sie auf S. 128 und auf der hinteren Innenseite des Einbandes.

Nǐ shénme shíhou yào dào?	Wann wirst du ankommen?
Nín shénme shíhou yào dào?	Wann werden Sie ankommen?
Nímen shénme shíhou yào dào?	Wann werdet ihr ankommen?

Ausstattung und Extras

So können Sie sich genauer nach den Zimmern erkundigen bzw. spezifische Wünsche äußern:

Nín yǒu duōshao fángjiān?	Wie viele Zimmer haben Sie?

Aussprachehilfe
c = ts | sh = sch | zh = dsch | ch = tsch | x = ss

Wǒ yào yí ge dà de fángjiān.	Ich möchte ein großes Zimmer.
Wǒmen yào yí ge dà de fángjiān.	Wir möchten ein großes Zimmer.
Wǒ yào yí ge hěn piàoliang de fángjiān.	Ich möchte ein sehr schönes Zimmer.
Wǒ yào zuì piàoliang de fángjiān.	Ich möchte das schönste Zimmer.
Wǒ yào yí ge xiǎo de fángjiān.	Ich möchte ein kleines Zimmer.
Wǒmen yào yí ge xiǎo de fángjiān.	Wir möchten ein kleines Zimmer.
Wǒ yào yí ge bǐ zhè ge xiǎo de fángjiān.	Ich möchte ein kleineres Zimmer als dieses.
Wǒ yào yí ge bǐ zhè ge xiǎo de.*	Ich möchte ein kleineres als dieses.

Sprachtipp

Bei Sätzen, in welchen mit *de* eine Beifügung – in diesem Fall das Eigenschaftswort *xiǎo* – hinzugefügt wird, kann das Wort, auf das sie sich bezieht – hier *fángjiān* – wegfallen. Dies ist nur möglich, wenn der Inhalt bzw. das Bezugswort aus dem Zusammenhang erkennbar ist.

Unterkunft

dj | q = tj | h = ch | s = ss | ju = djü | qu = tjü

Wǒ yào fàndiàn zuì piàoliang de fángjiān.	Ich möchte das schönste Zimmer des Hotels.
Nǎ ge shì nín zuì piàoliang de fángjiān?	Welches ist Ihr schönstes Zimmer?
Yǒu xiǎo yìdiǎn de fángjiān ma?	Gibt es etwas kleinere Zimmer?
Nín yǒu xiǎo yìdiǎn de fángjiān ma?	Haben Sie etwas kleinere Zimmer?
Cóng fángjiān néng kàndào* shénme?	Was kann man vom Zimmer aus sehen?
Wǒ cóng fángjiān néng kàndào shénme?	Was kann ich vom Zimmer aus sehen?
Wǒmen cóng fángjiān néng kàndào shénme?	Was können wir vom Zimmer aus sehen?

Sprachtipp

Im Chinesischen sind manche Zeitwörter aus zwei Wörtern zusammengesetzt, wobei das erste Wort die grundlegende Bedeutung und das zweite das Ergebnis einer Handlung zum Ausdruck bringt. Wird das Zeitwort *kàn* (sehen) mit dem Zeitwort *dào* (ankommen) zu *kàndào* verknüpft, so hat es die Bedeutung „sehen, erblicken".

Aussprachehilfe
c = ts | sh = sch | zh = dsch | ch = tsch | x = ss

Wǒmen yào yí ge néng kàndào ... de fángjiān. Wir möchten die/den ... vom Zimmer aus sehen.

fēngjǐng   shān   sìmiào

Wǒmen yào yí ge yǒu ... de fángjiān. Wir möchten gerne ein Zimmer mit ...

línyù   yùshì   cèsuǒ   bīngxiāng

Wǒ néng zài zhèlǐ chī fàn ma? Kann ich hier essen?

Wǒmen néng zài zhèlǐ chī fàn ma? Können wir hier essen?

Zài nǎli néng chī fàn ma? Wo kann man essen?

Zhèlǐ chī fàn duōshao qián? Wie viel kosten die Mahlzeiten hier?/Wie viel kostet es, hier zu essen?

dj | q = tj | h = ch | s = ss | ju = djü | qu = tjü

Vielleicht möchten Sie sich das Zimmer vorher ansehen:

Wǒmen néng kàn fángjiān ma?	Können wir das Zimmer sehen?
Wǒ néng kàn fángjiān ma?	Kann ich das Zimmer sehen?
Wǒmen néng kàn yí kàn fángjiān ma?	Können wir das Zimmer einmal kurz sehen?
Zhè ge fángjiān tài dà.	Dieses Zimmer ist zu groß.
Zhè ge fángjiān tài xiǎo.	Dieses Zimmer ist zu klein.
Nín yǒu méiyǒu bǐ zhè ge xiǎo de fángjiān.	Haben Sie auch kleinere Zimmer als dieses?
Yǒu méiyǒu xiǎo de fángjiān?	Gibt es auch kleine Zimmer?

Zimmerpreise

So fragen Sie nach dem Preis für das Zimmer:

Zhè ge fángjiān yì tiān duōshao qián?	Wie viel kostet dieses Zimmer pro Tag?
Zhè ge fángjiān liǎng tiān duōshao qián?	Wie viel kostet dieses Zimmer für zwei Tage?
Zhè hěn guì!	Das ist sehr teuer!
Zhè tài guì!	Das ist zu teuer!

Aussprachehilfe
c = ts | sh = sch | zh = dsch | ch = tsch | x = ssch

Duì wǒ tài guì le!	Das ist zu teuer für mich!
Xiǎo de fángjiān duōshao qián?	Wie viel kostet das kleine Zimmer?

Entscheidung

Vielleicht haben Sie das gefunden, was Sie suchen:

Zhè ge fángjiiān hěn hǎo.	Dieses Zimmer ist sehr schön.
Wǒ juéde zhè ge fángjiān hěn hǎo.	Ich finde dieses Zimmer sehr schön.
Wǒ xǐhuan zhè ge fángjiān.	Mir gefällt dieses Zimmer.
Hǎo, wǒmen yào zhè ge fángjiān.	Gut, wir möchten dieses Zimmer.

… oder Sie müssen sich noch ein bisschen umschauen:

Nín de fángjiān tài guì.	Ihre Zimmer sind zu teuer.
Nín de fángjiān duì wǒmen tài guì.	Ihre Zimmer sind für uns zu teuer.
Xièxie nín, wǒmen yào zài kàn yí kàn.	Vielen Dank, wir müssen uns noch etwas weiter umsehen.

dj | q = tj | h = ch | s = ss | ju = djü | qu = tjü

Service

Vielleicht brauchen Sie noch etwas Bestimmtes:

Wǒmen xūyào yí ge shuāngrénchuáng/... Wir brauchen ein Doppelbett/etc. ...

   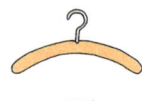

diànshàn   **féizào**   **chuīfēngjī**   **yījià**

Sich zurechtfinden

Bevor Sie Ihr Zimmer beziehen, müssen Sie vielleicht noch einige letzte Punkte klären:

Nǎ ge fángjiān shì wǒmen de?	Welches Zimmer ist unseres?
Shì nǎ ge fángjiān?	Welches Zimmer ist es?
Shì èr hào fángjiān.	Es ist Zimmer Nummer zwei.
Zài zhèlǐ wǎnshang dào shénme shíhou kāimén?	Bis wann ist hier abends geöffnet?
Dào zǎoshang yì diǎn kāimén.	Es ist bis morgens um ein Uhr geöffnet.

Aussprachehilfe
c = ts | sh = sch | zh = dsch | ch = tsch | x = ssc

Nun müssen Sie sich in Ihrer Unterkunft und der näheren Umgebung orientieren:

Wǒmen de fángjiān zài nǎli?	Wo ist unser Zimmer?/ Wo sind unsere Zimmer?
Zài nàli.	Es befindet sich dort.
… zài nǎli?	Wo ist der/die/das …?

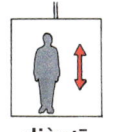

diàntī

yóuyǒngchí

jiǔbā

fànguǎn

Zǎoshang zài nǎli chī fàn?	Wo isst man morgens?
Zǎoshang shénme shíhou chī fàn?	Wann isst man morgens?
Cóng … [Zahl] diǎn dào … [Zahl] diǎn.	Von … bis … Uhr.

Die Zahlen finden Sie auf S. 128 und auf der hinteren Innenseite des Einbandes.

dj | q = tj | h = ch | s = ss | ju = djü | qu = tjü

Wǒ zài nǎli néng chī fàn?	Wo kann ich etwas essen?
Wǒmen zài nǎli néng hē yìdiǎn dōngxi?	Wo können wir etwas trinken?
Wǒ zài nǎli néng mǎi yìdiǎn chī de?	Wo kann ich etwas zu essen kaufen?
Wǒ zài nǎli néng mǎi yìdiǎn hē de?	Wo kann ich etwas zu trinken kaufen?
Zài fángjiān yǒu méiyǒu hē de?	Gibt es im Zimmer etwas zu trinken?

Beschwerden

Selbst in den besten Hotels kann es vorkommen, dass etwas nicht funktioniert. Dann können Sie sagen:

Zhè ge huài le.	Dies hier ist kaputt.
Zhè ge dōngxi huài le.	Dieses Ding ist kaputt.
Wǒ de fángjiān de ... huài le.	Der/Die ... in meinem Zimmer ist kaputt.

diànshìjī

bīngxiāng

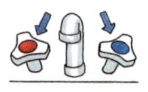
shuǐlóngtóu

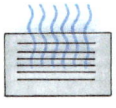
kōngtiáo

Wǒ de chuáng huài le.	Mein Bett ist kaputt.

Aussprachehilfe
c = ts | sh = sch | zh = dsch | ch = tsch | x = ssc

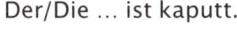

... **huài le.** Der/Die ... ist kaputt.

dēng   **diànshàn**   **línyù**

Nín néng dào wǒ de fángjiān lái* kàn yí* kàn ma?	Könnten Sie in mein Zimmer kommen und kurz nachsehen?
Nín néng dào wǒmen de fángjiān lái kàn yí kàn ma?	Könnten Sie in unser Zimmer kommen und kurz nachsehen?
Qǐng nín dào wǒ de fángjiān lái kàn yí kàn.	Bitte kommen Sie in mein Zimmer, um kurz nachzusehen.

Sprachtipp

Um beim Zeitwort *lái* (kommen) das Ziel der Bewegungsrichtung anzugeben, muss es mit dem Wort *dào* (ankommen; bis) verknüpft werden. Auf diese Weise wird der genaue örtliche Zielpunkt zum Ausdruck gebracht, z. B.:
Nǐ néng dào wǒ de fàndiàn lái ma? = Kannst du in mein Hotel kommen?

= dj | q = tj | h = ch | s = ss | ju = djü | qu = tjü

Nín néng zuò shénme?	Was können Sie tun?
Nín jīntiān wǎnshang néng zuò shénme?	Was können Sie heute Abend tun?
Wǒmen néng zuò shénme?	Was können wir tun?

Urlaubsaktivitäten

Wenn Sie nach dem Weg fragen, Tickets kaufen, Essen gehen, flirten oder etwas trinken wollen, hilft Ihnen dieses Kapitel weiter.

Von A nach B kommen

Egal was Sie unternehmen möchten, Sie werden dabei immer einiges an (unbekannten) Wegen zurücklegen müssen:

Nǐ qù* nǎli?	Wohin gehst du?
Nín qù nǎli?	Wohin gehen Sie?
Nǐ yào qù nǎli?	Wohin möchtest du gehen?
Wǒ yào qù … [Ziel].	Ich möchte in/zum/etc. … gehen.
Wǒ qù … [Ziel].	Ich gehe in/zum/etc. …
Duìbuqǐ, … [Ziel] zài nǎli?	Entschuldigung, wo befindet sich …?
Duìbuqǐ, … [Ziel] zěnme qù?	Entschuldigung, wie kommt man nach …?

Sprachtipp

Während es im Deutschen möglich ist, zu sagen: „Wie komme ich zum Hotel?", muss man im Chinesischen hier auf jeden Fall das Zeitwort *qù* (gehen) verwenden: *Dào fàndiàn, wǒ zěnme qù?*
Die beiden Zeitwörter *qù* (gehen) und *lái* (kommen) bezeichnen sehr genau die Richtung der Bewegung. So wird mit *qù* zum Ausdruck gebracht, dass sich der Betreffende vom Sprecher weg zu einem Ziel bewegt: *Wǒ qù fàndiàn.* (Ich gehe ins Hotel.). Bei der Beschreibung einer Bewegung

---

Aussprachehilfe
c = ts | sh = sch | zh = dsch | ch = tsch | x = ssc

zum Sprecher hin muss hingegen das Wort *lái* benutzt werden: *Nǐ dào wǒ de fàndiàn lái ma?* (Kommst du in mein Hotel?).

Dào … [Ziel] zěnme qù?	Wie kommt man zu/nach …?
Dào … [Ziel] wǒ zěnme qù?	Wie komme ich zu/nach …?
Dào … [Ziel] wǒmen zěnme qù?	Wie kommen wir zu/nach …?
Yǒu méiyǒu … dào fàndiàn?	Gibt es einen/eine …, um ins Hotel zu fahren?

gōnggòng qìchē **dìtiě** **diànchē**

Shénme shíhou dào fàndiàn?	Wann kommt er/sie im Hotel an?

dj | q = tj | h = ch | s = ss | ju = djü | qu = tjü

Zhèlǐ yǒu méiyǒu …? Gibt es hier einen/eine …?

gōnggòng qìchē   **dìtiě**

huǒchē   **diànchē**

Nǎli mǎi piào? Wo kauft man die Tickets?

Wǒ zài* nǎli mǎi piào? Wo kaufe ich die Tickets?

Wǒmen zài nǎli mǎi piào? Wo kaufen wir die Tickets?

Sprachtipp

Um einen Ort genauer zu bestimmen, wird das Wort *zài* in seiner Bedeutung „sich befinden", („an einem Ort sein") verwendet. Es kann so eine Satzaussage ergänzen und näher bezeichnen, wie z. B.: *Tā zài fàndiàn hē chá.* (Er trinkt Tee im Hotel). In der Frage: *Wǒmen zài nǎli mǎi piào?* (Wo kaufen wir die Tickets?) wird durch *zài* das Fragewort *nǎli* (wo) noch mehr betont. *Zài* kann auch als eigenständige Satzaussage dienen, wie z. B.: *Wǒmen zài Déguó.* = Wir sind in Deutschland.

Aussprachehilfe
c = ts | sh = sch | zh = dsch | ch = tsch | x = ssc

Zài zhèlǐ.	Hier.
Bú shì zài zhèlǐ, zài nàli!	Nein, nicht hier, sondern dort!
Nín nàli mǎi piào.	Dort kaufen Sie die Tickets.
Nǐ nàli mǎi piào.	Dort kaufst du die Tickets.
Nín zài nàli mǎi piào.	Dort kaufen Sie die Tickets.
Nín zài zhèlǐ mǎi piào.	Hier kaufen Sie die Tickets.

Shopping

Wenn Sie Lust auf einen Einkaufsbummel haben, helfen Ihnen die folgenden Sätze weiter:

Wǒ yào mǎi dōngxi.	Ich möchte einkaufen.
Wǒ yào qù mǎi dōngxi.	Ich möchte einkaufen gehen.
Wǒ jīntiān yào qù mǎi dōngxi.	Ich möchte heute einkaufen gehen.
Wǒ míngtiān yào qù mǎi dōngxi.	Ich möchte morgen einkaufen gehen./ Ich werde morgen einkaufen gehen.
Jīntiān* wǒ yào qù mǎi dōngxi.	Heute möchte ich einkaufen gehen.

dj | q = tj | h = ch | s = ss | ju = djü | qu = tjü

Sprachtipp

Wie im Deutschen, kann die Zeitangabe auch im Chinesischen betont werden, indem sie an den Satzanfang gestellt wird: *Míngtiān tā yào mǎi piào.* = Morgen wird er die Tickets kaufen.

Duìbuqǐ, zuì jìn de … zài nǎli?	Entschuldigung, wo ist das/etc. nächste…?

  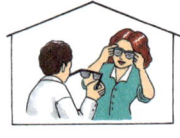

shāngdiàn   **shūdiàn**   **yǎnjingdiàn**

Duìbuqǐ, … zài nǎli mǎi?	Entschuldigung, wo kann man … kaufen?

yīfu   **zhàoxiàngjī**   **zìxíngchē**   **shǒujī**

Und so erfahren Sie die Öffnungszeiten der Geschäfte:

Nín shénme shíhou kāimén?	Wann haben Sie geöffnet?

Aussprachehilfe
c = ts | sh = sch | zh = dsch | ch = tsch | x = ssc

Zǎoshang shénme shíhou kāimén?	Wann ist morgens geöffnet?
Wǎnshang shénme shíhou kāimén?	Wann ist abends geöffnet?
Wǒmen cóng* … [Uhrzeit] diǎn dào … [Uhrzeit] diǎn kāimén.	Wir haben von … bis … Uhr geöffnet.
Wǒmen zǎoshang … [Uhrzeit] diǎn dào wǎnshang … [Uhrzeit] diǎn kāimén.	Wir haben von … Uhr morgens bis … Uhr abends geöffnet.
Nín … [Wochentag] kāimén ma?	Haben Sie am … geöffnet?

Urlaubsaktivitäten

Die Wochentage zum Einsetzen finden Sie auf der hinteren Klappe des Einbandes und die Zahlen für die Uhrzeit auf S. 128 und auf der hinteren Innenseite des Einbandes.

Sprachtipp

Die Verhältniswörter *cóng* (von) und *dào* (bis) werden nicht nur für räumliche Angaben, sondern auch für die zeitliche Bestimmung verwendet.
Tā cóng fàndiàn qù nàli. = Sie geht vom Hotel aus dorthin.
Wǒmen cóng bā diǎn dào wǎnshang liù diǎn kāimén. = Wir haben von acht Uhr bis abends 18 Uhr geöffnet.

dj | q = tj | h = ch | s = ss | ju = djü | qu = tjü

> ### Landestipp
> Die überall in China reichhaltig ausgestatteten Läden, Geschäfte und Kaufhäuser bieten, vor allem in den Großstädten, meist bis 22 Uhr Einkaufsmöglichkeiten. Viele haben auch am Sonntag und an den großen Feiertagen, wie dem Frühlingsfest, dem Mondfest oder dem Nationalfeiertag, geöffnet.

Und nun begleiten wir Sie auf einen Einkaufsbummel durch die Welt der Mode. Zunächst benötigen Sie die richtige Größe:

Wǒ chuān ... [Zahl] hào.	Ich habe Größe ...
Zài Déguó wǒ chuān ... [Zahl] hào.	In Deutschland habe ich Größe ...
Zhè tài dà.	Das ist zu groß.
Zhè tài xiǎo.	Das ist zu klein.
Zhè zhēn xiǎo.	Das ist wirklich klein.
Zhè ge nín yǒu méiyǒu dà yìdiǎn de?	Haben Sie dieses etwas größer?
Nín yǒu méiyǒu dà yìdiǎn de?	Haben Sie ein etwas größeres?
Nín chuān le zhè ge ma?	Haben Sie dieses anprobiert?
Zhè ge nín chuān le ma?	Haben Sie dieses schon anprobiert?

Aussprachehilfe
c = ts | sh = sch | zh = dsch | ch = tsch | x = ss

Zhè ge zěnmeyàng?	Wie ist dies?/Wie gefällt Ihnen dieses?
Zhè ge hěn piàoliang.	Dieses ist sehr schön.
Wǒ juéde zhè ge hěn piàoliang.	Ich finde, dieses ist sehr schön.
Wǒ juéde zhè ge hěn piàoliang, nǐ juéde ne?	Ich finde, dieses ist sehr schön, was meinst du?
Wǒ yào zhè ge.	Ich möchte dieses.
Wǒ yào mǎi zhè ge.	Ich möchte dieses kaufen./Ich werde dieses kaufen.

Vielleicht möchten Sie auch Freunden und Bekannten zu Hause mit einem typisch chinesischen Souvenir eine Freude machen:

Wǒ xūyào yí ge hěn piàoliang de lǐwù.	Ich suche ein schönes Geschenk.

Landestipp

Kleidergrößen werden auch in China nach den internationalen Standards angegeben. So finden sich auf den meisten Kleidungsstücken die Größen „S", „M", „L", „XL" etc. Da diese nicht immer ganz einheitlich ausfallen, empfiehlt sich eine Anprobe. Schuhgrößen werden unterschiedlich nach den in Europa oder den in den USA üblichen Größen bezeichnet.

dj | q = tj | h = ch | s = ss | ju = djü | qu = tjü

Sprachtipp

Wie bei *kàndào* (sehen, erblicken) wird auch bei *mǎidào* durch das Wort *dào* (ankommen; bis) zum Ausdruck gebracht, dass eine Handlung erfolgreich abgeschlossen wird.

Dào wird zum Zeitwort *mǎi* (kaufen) hinzugefügt und bezeichnet so in dem Satz: *Zài nǎli wǒ néng mǎidào lǐwù?* (Wo kann ich Geschenke kaufen?), dass ein Resultat, hier das erfolgreiche Kaufen eines Geschenks, angestrebt wird.

Zài nǎli wǒ néng mǎidào* lǐwù?	Wo kann ich Geschenke kaufen?
Wǒmen yào yí ge hǎo de, bú tài guì de lǐwù.	Wir möchten ein gutes, nicht zu teures Geschenk.
Zhè shì zhèlǐ de ma?	Ist das von hier?
Zhè shì zài zhèlǐ zuò de ma?	Ist das hier hergestellt?/ Ist das hier gemacht?

Landestipp

In China gibt es verschiedenste traditionelle Handwerksprodukte. Diese von Meisterhand gefertigten Kunstgegenstände sind oft von außergewöhnlicher Qualität und Feinheit. In der Stadt Xi'an befinden sich beispielsweise viele Jadeschleifereien, die sehr fein gearbeiteten Schmuck und Gegenstände aus Jade herstellen. Schanghai, Suzhou und die benachbarte Provinz Zhejiang sind vor allem berühmt

Aussprachehilfe
c = ts | sh = sch | zh = dsch | ch = tsch | x = ss

für ihre Seide. Der beste grüne Tee wird in der Stadt Hangzhou angebaut. Entlang des Li-Flusses mit seiner malerischen Landschaft der Karstberge befinden sich seit jeher viele Malschulen, in welchen man Kunstwerke der chinesischen Tuschmalerei finden kann.

Unterhaltung

In China gibt es viel zu sehen. So können Sie Pläne schmieden, was als nächstes auf dem Programm steht:

Wǒmen jīntiān zuò shénme?	Was machen wir heute?
Jīntiān wǎnshang wǒmen zuò shénme?	Was machen wir heute Abend?
Wǒmen qù nǎli?	Wo gehen wir hin?
Nǐ yào zuò shénme?	Was möchtest du tun?
Nǐmen yào zuò shénme?	Was möchtet ihr tun?
Wǒmen yào bú yào qù ...?	Wollen wir nicht ins/etc. ... gehen?

bówùguǎn   **shūdiàn**

dj | q = tj | h = ch | s = ss | ju = djü | qu = tjü

Wǒ yào qù … Ich möchte gerne ins/etc. … gehen.

dísīkē

diànyǐngyuàn

Piào yào duōshao qián?	Wie viel kosten Karten?
Zuì hǎo de piào yào duōshao qián?	Wie viel kosten die besten Karten?
Wǒmen shénme shíhou qù?	Wann gehen wir?/Wann gehen wir hin?

Essen gehen

Wenn Sie essen gehen möchten, stellt sich zunächst die Frage nach der Essenszeit:

Nǐ wǎnshang shénme shíhou chī fàn?	Wann isst du zu Abend?
Nǐ shénme shíhou yào chī fàn?	Wann möchtest du essen?
Nǐ wǎnshang shénme shíhou yào chī fàn?	Wann möchtest du zu Abend essen?/Wann möchtest du abends essen?

Aussprachehilfe
c = ts | sh = sch | zh = dsch | ch = tsch | x = ss

Landestipp

Das Essen, vor allem das gemeinsame Essen in der Familie oder im Freundeskreis, ist in China traditionell sehr wichtig und äußerst beliebt. Die verschiedenen Regionen des Landes bieten dazu eine Vielfalt unterschiedlicher Speisen und Geschmacksrichtungen. So werden im Norden vornehmlich Teigwaren, wie z. B. verschiedene Nudelsorten und Teigtaschen, die sogenannten „Jiaozi", gegessen, die unterschiedliche Füllungen haben und gekocht oder gedämpft werden.

Im Süden gibt es meist sehr scharf gewürzte, exotische Gerichte, darunter Speisen mit Schlangen- oder Hundefleisch, und eine Vielzahl tropischer Früchte. Dazu wird traditionell Reis gegessen. Man sitzt meist um einen großen runden Tisch, in dessen Mitte die Speisen auf einer Drehplatte serviert werden. Von dort kann jeder nach Belieben die einzelnen Gerichte probieren.

Urlaubsaktivitäten

… und dann natürlich nach dem Was und dem Wieviel:

Nǐ xǐhuan chī shénme?   Was isst du gerne?

Nǐ yào chī shénme?   Was möchtest du essen?

Wǒ yào chī …   Ich möchte …

yú   niúròu   zhūròu   xiā

= dj | q = tj | h = ch | s = ss | ju = djü | qu = tjü

Wǒ yào chī yìdiǎn ... Ich möchte etwas ...

báicài — **mù'ěr** — **jiāng** — **mǐfàn**

Nǐ yào hē shénme? Was möchtest du trinken?

Wǒ yào hē ... Ich möchte ein/einen ...

kuàngquánshuǐ — **chá** — **píjiǔ** — **bái pútaojiǔ**

Wǒ chī bù duō.	Ich esse nicht viel.
Wǎnshang wǒ chī bú tài duō.	Abends esse ich nicht so viel.
Zhè ge hěn hǎo chī.	Dies schmeckt sehr gut.
Dōu hěn hǎo chī.	Alles schmeckt sehr gut.
Wǒ chī le hěn duō.	Ich habe viel gegessen.
Wǒ yǐjīng chī le hěn duō.	Ich habe schon so viel gegessen.

Aussprachehilfe
c = ts | sh = sch | zh = dsch | ch = tsch | x = ssc

Leider gibt es auch im Restaurant Grund zur Klage:

Duìbuqǐ, zhè ge bù hǎo chī.	Entschuldigung, dies schmeckt nicht gut.
Zhè ge wǒ bù néng chī.	Dies kann ich nicht essen.
Zhè ge wǒ bù chī.	Dies esse ich nicht.

In der Bar

Sicher möchten Sie nach dem Essen auch noch das chinesische Nachtleben erkunden:

Nín yào hē shénme?	Was möchten Sie trinken?
Nǐ xǐhuan hē shénme?	Was möchtest du gerne trinken?/Was trinkst du gerne?

Wǒ hē ...   Ich trinke ein/etc. ...

jīwěijiǔ   **kělè**   **xiāngbīnjiǔ**   **píjiǔ**

Xièxie, wǒ bù hē.	Danke, ich trinke nichts.
Xièxie, wǒ hē hěn duō le.	Danke, ich habe viel getrunken.

= dj | q = tj | h = ch | s = ss | ju = djü | qu = tjü

Landestipp

In China wird zum Essen meist Tee serviert. Darüber hinaus sind vor allem Bier und nicht alkoholische Erfrischungsgetränke sehr beliebt. Bei Geschäftsessen oder bei festlichen Anlässen werden häufig auch hochprozentige alkoholische Getränke konsumiert. Hierbei geht es oft sehr laut und fröhlich zu, und gerne kommen auch verschiedene Trinkspiele zum Einsatz. Beim gemeinsamen Anstoßen und dem Aussprechen von Toasts auf eine Person muss der Betreffende stets mit einem Toast antworten. Der wichtigste Trinkspruch lautet *Gānbēi!* (Prost!).

Xièxie, wǒ yǐjīng hē le hěn duō.	Danke, ich habe schon sehr viel getrunken.

Bekanntschaften und Flirts

Vielleicht knüpfen Sie vor Ort neue Kontakte oder lernen eine charmante Begleitung kennen:

Jīntiān nín yǒu shíjiān ma?	Haben Sie heute Zeit?
Jīntiān nín yǒu yìdiǎn shíjiān ma?	Haben Sie heute etwas Zeit?
Míngtiān ne?	Und morgen?
Jīntiān wǎnshang nǐ yǒu shíjiān ma?	Hast du heute Abend Zeit?
Yǒu, wǒ yǒu shíjiān.	Ja, ich habe Zeit.

Aussprachehilfe
c = ts | sh = sch | zh = dsch | ch = tsch | x = ssc

Vielleicht sind Sie sich mehr als nur sympathisch:

Wǒ hěn xǐhuan nǐ.	Ich mag dich sehr.
Wǒ zhēn xǐhuan nǐ.	Ich mag dich wirklich sehr.
Wǒ fēicháng xǐhuan nǐ.	Ich mag dich über alle Maßen./Ich hab dich unheimlich gern.
Nǐ hěn piàoliang.	Du bist sehr schön.
Nǐ fēicháng piàoliang.	Du bist wunderschön.
Wǒ hěn xǐhuan gēn nǐ zài yìqǐ.	Ich bin sehr gerne mit dir zusammen.

Landestipp

In China ist man insgesamt sehr vorsichtig und zurückhaltend mit der Äußerung von Gefühlen. Hat ein Mann eine starke Zuneigung zu einer Frau oder hat er sich in sie verliebt, wird er das eher zögernd zum Ausdruck bringen. Sind ernstere Absichten im Spiel, sind Frauen noch zurückhaltender bzw. wollen bei eigener Zuneigung erst den Mann auf die Probe stellen.

Bei einer Ablehnung von männlicher oder weiblicher Seite gehen beide sehr vorsichtig miteinander um und geben dem anderen auf versteckte Weise – „zwischen den Zeilen" – zu verstehen, dass sie keine engere Verbindung möchten. Eine direkt geäußerte Ablehnung kommt selten vor.

Direktes Vorgehen wird eher als schroff und „westlich" angesehen, obgleich es in Diskotheken und Blogs teilweise in Mode gekommen ist.

Urlaubsaktivitäten

= dj | q = tj | h = ch | s = ss | ju = djü | qu = tjü

Wǒ yào gēn nǐ zài yìqǐ.	Ich möchte mit dir zusammen sein.
Wǒ zhēn de yào gēn nǐ zài yìqǐ.	Ich möchte wirklich mit dir zusammen sein.
Wǒ juéde wǒmen zài yìqǐ, hěn hǎo.	Ich finde es sehr schön, wenn wir zusammen sind.

Andernfalls können Sie so reagieren, um unerwünschte Einladungen bzw. allzu heftige Avancen abzulehnen:

Duìbuqǐ, wǒ méiyǒu shíjiān.	Entschuldigen Sie, ich habe keine Zeit.
Xièxie, wǒ méiyǒu shíjiān.	Danke, ich habe keine Zeit.
Wǒ bú yào gēn nǐ zài yìqǐ.	Ich möchte nicht mit dir zusammen sein.
Wǒ bù néng gēn nǐ zài yìqǐ.	Ich kann nicht mit dir zusammen sein.
Wǒ bú xǐhuan nǐ.	Ich mag dich nicht.
Wǒmen yào shuō zàijiàn.	Wir müssen Aufwiedersehen sagen.

Notfälle & Missgeschicke

Wenn im Urlaub doch einmal etwas schiefgehen sollte, finden Sie in diesem Kapitel sprachlichen Rat und Hilfe.

Hilfe holen

Leider kann auch im schönsten Urlaub etwas schiefgehen. Dann können Sie so um Hilfe bitten:

Nín néng bāngzhù wǒ ma?	Können Sie mir helfen?
Qǐng bāngzhù wǒ!	Bitte helfen Sie mir!/Bitte hilf mir!
Qǐng bāngzhù wǒmen!	Bitte helfen Sie uns!/Bitte hilf uns!
Wǒ xūyào bāngzhù!	Ich brauche Hilfe!
Wǒ xūyào nín de bāngzhù!	Ich brauche Ihre Hilfe!
Wǒ zhēn de xūyào nín de bāngzhù!	Ich brauche wirklich Ihre Hilfe!
Wó néng bāngzhù nín ma?	Kann ich Ihnen helfen?
Wómen néng bāngzhù nín ma?	Können wir Ihnen helfen?
Nín xūyào wǒ de bāngzhù ma?	Brauchen Sie meine Hilfe?

Landestipp

Unter der Notrufnummer 110 werden Sie in China mit der Polizei und unter 119 mit der Feuerwehr verbunden.

Aussprachehilfe
c = ts | sh = sch | zh = dsch | ch = tsch | x = ssch

Unfall

Bestenfalls kommt man noch einmal mit dem Schrecken davon:

Nín nǎli dōu bù téng ma?	Tut Ihnen auch nichts weh?

Doch falls es leider zu einem Schaden gekommen sein sollte:

Duìbuqǐ, wǒ méiyǒu kàndào nín.*	Entschuldigung, ich habe Sie nicht gesehen.
Wǒ shénme dōu* méiyǒu kàndào.	Ich habe nichts gesehen.
Nín méiyǒu kàndào wǒ ma?	Haben Sie mich nicht gesehen?
Zhè bú shì wǒ zuò de.	Dies habe ich nicht getan./ Das bin ich nicht gewesen.

Sprachtipp

Mit dem Wort *le* hinter dem betreffenden Zeitwort wird eine abgeschlossene Handlung zum Ausdruck gebracht. Eine Verneinung wird dann jedoch nicht mit *bù* (nein), sondern mit *méiyǒu* (nicht haben) gebildet: *Wǒ méiyǒu kàndào nǐ.* = Ich habe dich nicht gesehen.
Das Wort *le* wird dabei weggelassen.

---

dj | q = tj | h = ch | s = ss | ju = djü | qu = tjü

Sprachtipp

Wird das Fragewort *shénme* (was; was für ein/eine) zusammen mit dem Umstandswort *dōu* (alle; alles) verwendet, so wird der Sinn von *dōu* noch stärker hervorgehoben. Entsprechend bedeutet *shénme dōu* „alles; was auch immer", wie z. B.: *Wǒ shénme dōu xǐhuan.* = Ich mag alles.
Das Gleiche gilt für eine Verneinung, wie z. B.: *Wǒ shénme dōu bú yào.* = Ich brauche gar nichts.

Zhè bú shì wǒmen zuò de.	Dies haben wir nicht getan./Das sind wir nicht gewesen.
Zhè shì nǐmen zuò de.	Das habt ihr getan./Das seid ihr gewesen.

Verlust und Diebstahl

Wǒ diū le dōngxi.	Ich habe etwas verloren.
Wǒ diū le wǒ de piào.	Ich habe mein Ticket verloren.
Wǒ diū le wǒmen de piào.	Ich habe unser Ticket verloren./Ich habe unsere Tickets verloren.

Aussprachehilfe
c = ts | sh = sch | zh = dsch | ch = tsch | x = ssc

Wǒ diū le wǒ de …   Ich habe mein/etc. … verloren.

hùzhào

qiánbāo

dàizi

zhàoxiàngjī

Nǐ zài nǎli diū le?   Wo hast du es verloren?
Wǒ zài fàndiàn diū le.   Ich habe es im Hotel verloren.

Wǒ zài … diū le.   Ich habe es im … verloren.

gōnggòng qìchē

chūzūchē

sìmiào

kāfēiguǎn

Notfälle & Missgeschicke

dj | q = tj | h = ch | s = ss | ju = djü | qu = tjü

Wǒ zài fángjiān de dōngxi dōu méiyǒu le.	In meinem Zimmer sind alle meine Sachen weg.
Wǒmen zài fángjiān de dōngxi dōu méiyǒu le.	In unserem Zimmer sind alle unsere Sachen weg.
Shénme dōu méiyǒu le.	Alles ist weg.

Arztbesuch

So tauschen Sie sich mit dem Arzt über Ihr Wohlbefinden aus:

Nín bù shūfu ma?	Fühlen Sie sich nicht wohl?/ Geht es Ihnen nicht gut?
Wǒ bù shūfu.	Ich fühle mich nicht wohl./ Es geht mir nicht gut.
Wǒ fēicháng bù shūfu.	Es geht mir überhaupt nicht gut.
Wǒ zhēn de hěn bù shūfu.	Es geht mir wirklich nicht gut.
Téng ma?	Haben Sie Schmerzen?
Nín nǎli téng?	Wo haben Sie Schmerzen?/ Wo tut es Ihnen weh?
Wǒ zhèli téng.	Hier habe ich Schmerzen./ Hier tut es mir weh.

Aussprachehilfe
c = ts | sh = sch | zh = dsch | ch = tsch | x = ssc

Wǒ de ... hěn téng.   Mein ... tut sehr weh.

xīn

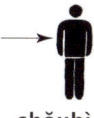
shǒubì

tuǐ

Xièxie, wǒ yǐjīng hǎo duō le.	Danke, es geht mir schon viel besser.
Jīntiān wǒ yǐjīng hǎo duō le.	Heute geht es mir schon viel besser.
Wǒ juéde hǎo duō le.	Ich fühle mich schon viel besser.

Missgeschicke

Falls Ihnen oder Ihrer Begleitung ein Missgeschick passiert sein sollte, können Sie sagen:

Nín de ... huài le.   Ihr ... ist kaputt.

diànshìjī

bēizi

---

dj | q = tj | h = ch | s = ss | ju = djü | qu = tjü

Nín de ... huài le.	Ihr ... ist kaputt.

zhàoxiàngjī	zìxíngchē
Zhè shì wǒ zuò de.	Das habe ich getan.
Zhè shì wǒmen zuò de.	Das haben wir getan.
Zhēn duìbuqǐ.	Das tut mir sehr leid.
Wǒ hěn duìbuqǐ.	Es tut mir sehr leid.
Wǒmen hěn duìbuqǐ.	Es tut uns sehr leid.

Wörterbuch

A

Àodìlì Österreich

B

bái pútaojiǔ Weißwein
báicài Chinakohl
bàn Hälfte; halb
bāngzhù helfen, Hilfe
bēizi Glas
bǐ als, im Vergleich zu
bīngxiāng Eisschrank
bówùguǎn Museum

bù nein; nicht
bù hǎo nicht gut
bú kèqi bitte, keine Ursache
bú shì nicht
bú tài hǎo nicht so gut

C

cèsuǒ Toilette, WC
chá Tee
chéngshì Stadt
chènshān Bluse
chī essen
chī de etwas zu essen
chuān anziehen; tragen; anprobieren
chuáng Bett
chuīfēngjī Fön
chūzūchē Taxi
cì –mal

cóng von; aus; seit
cóng ... hěn jìn ganz in der Nähe liegen
cóng nǎli woher
cóng zhèlǐ von hier

Aussprachehilfe
c = ts | sh = sch | zh = dsch | ch = tsch | x = ssc

D

dà groß; alt

dǎ pīngpāngqiú Tischtennis spielen

dàizi Tasche

dào ankommen; bis; bis zu, bis nach

de *Wort zur Bildung von Beifügungen*

Déguó Deutschland

dēng Lampe

diǎn Uhr (Uhrzeit); Stunde

diànchē Straßenbahn

diànshàn Ventilator

diànshìjī Fernseher

diàntī Aufzug

diànyǐngyuàn Kino

dísīkē Diskothek

dìtiě U-Bahn

dìtú Stadtplan

diū verlieren

dōngxi Ding, Sache, Gegenstand

dōu alle; alles

duì gegenüber; richtig

Duìbuqǐ. Entschuldigung./Entschuldigen Sie.
Wǒ hěn duìbuqǐ. Es tut mir sehr leid.

duō viel
Duōxiè. Vielen Dank.
duōjiǔ wie lange
duōshao wie viel
Duōshao qián? Wie viel kostet es?
Nǐ duō dà? Wie alt bist du?

E

èr zwei

= dj | q = tj | h = ch | s = ss | ju = djü | qu = tjü

F

fàn Essen; Mahlzeit; Reis

fàndiàn Hotel
sānxīng fàndiàn
3-Sterne-Hotel
sìxīng fàndiàn
4-Sterne-Hotel

fángjiān Zimmer
shuāngrénchuáng fángjiān Zimmer mit Doppelbett

fànguǎn Restaurant

fēicháng sehr, äußerst
Fēicháng gǎnxiè.
Vielen Dank.
Fēicháng hǎo! Super!

féizào Seife

fēn Minute

fēngjǐng Landschaft

G

Gānbēi! Prost!

gǎnxiè sich bedanken
Gǎnxiè nǐ. Vielen Dank.

gāoxìng froh, glücklich

gēn und; mit

gèng mehr; noch

gōnggòng qìchē Bus

guì teuer, wertvoll
Nín guì xìng? Wie ist Ihr Nachname?

H

hǎo gut; schön
hǎo duō le (gesundheitlich) besser gehen
gèng hǎo besser; schöner
Nǐ hǎo. Guten Tag; Hallo.
Nín hǎo. Guten Tag.
zuì hǎo am besten; am schönsten

Aussprachehilfe
c = ts | sh = sch | zh = dsch | ch = tsch | x = ssc

hào Größe; Nummer

hǎokàn schön, gut aus‑
sehend

hē trinken

hē de etwas zu trinken

hěn sehr

Hěn hǎo chī! Lecker!/
Es schmeckt sehr gut!

hóng pútaojiǔ Rotwein

huài kaputt, defekt

huáxuě Ski fahren

huǒchē Zug

huǒchēzhàn Bahnhof

hùzhào Pass

J

jiàn sehen; treffen
jiàndào sehen; begeg‑
nen

jiāng Ingwer

jiào heißen
**Nín jiào shénme
míngzi?** Wie heißen Sie?

jiǎozi Jiaozi (kleine
gefüllte Teigtaschen)

jīchǎng Flughafen

jìn nah; nahebei

jīntiān heute

jiǔbā Bar

jīwěijiǔ Cocktail

juéde meinen, finden;
sich fühlen

K

kāfēi Kaffee

kāfēiguǎn Café

kāimén Tür öffnen;
geöffnet haben

kàn sehen; nachsehen;
sich umsehen
kàndào sehen, erblicken

= dj | q = tj | h = ch | s = ss | ju = djü | qu = tjü

kàn yí kàn kurz nachsehen

kè Viertelstunde

kělè Cola

kōngtiáo Klimaanlage

kuàngquánshuǐ Mineralwasser

kùzi Hose

L

lái kommen
láizì kommen von/aus

le *Wort zur Bildung der Vergangenheit*

liǎng zwei

lǐngdài Krawatte

línyù Dusche

lǐwù Geschenk

lǚyóuzīxúnchù Touristeninformation

M

ma *Wort zur Bildung einer Frage*

mǎi kaufen; einkaufen
mǎidào kaufen

mànyóu wandern

máoyī Pullover

mǐfàn Reis

míngtiān morgen
Míngtiān jiàn. Bis morgen.

míngzi Name

mù'ěr Muer-Pilze

N

nǎ ge welcher, welche, welches

nǎ guó rén aus welchem Land

nǎli wo

nàli dort; dorthin

Aussprachehilfe
c = ts | sh = sch | zh = dsch | ch = tsch | x = ssch

ne *Wort zur Kennzeichnung einer Rückfrage*

néng können

nǐ du/dir/dich; Sie/Ihnen
nǐ de dein/deine; Ihr/Ihre
Nǐ duō dà? Wie alt bist du?
Nǐ hǎo. Guten Tag; Hallo.
… **nǐ ne?** … und du?
Nǐ shì nǎ guó rén? Aus welchem Land kommst du?

nǐmen ihr/euch
nǐmen de euer/eure
… **nǐmen ne?** … und ihr?

nín Sie/Ihnen
… **nín ne?** … und Sie?
Nín hǎo. Guten Tag.

niúròu Rindfleisch

nǚshì Frau

P

piào Ticket; Fahrkarte; Eintrittskarte

piàoliang schön, gut aussehend

píjiǔ Bier

Q

qiánbāo Portemonnaie

qí zìxíngchē Rad fahren

qìchē Auto

qǐng bitte; bitten

qǐngkè einladen

qù gehen; fortgehen; hingehen

qúnzi Rock

R

rè heiß; warm

Ruìshì Schweiz

Wörterbuch

123

= dj | q = tj | h = ch | s = ss | ju = djü | qu = tjü

S

shān Berg

shāngdiàn Geschäft; Kaufhaus

shàngwǔ Vormittag

shénme was; was für ein/eine
Shénme? Wie bitte?
Shénme shíhou? Um wie viel Uhr?/Wann?

shì ja; sein

shìchǎng Markt

shíhou Zeit; Zeitpunkt

shíjiān Zeit

shǒubì Arm

shǒujī Handy

shuāngrénchuáng Doppelbett

shūdiàn Buchhandlung

shūfu bequem; sich wohlfühlen

shuì schlafen

shuǐguǒ Früchte

shuǐlóngtóu Wasserhahn

shuō sagen
shuō yì shuō kurz etwas sagen

sìmiào Tempel

sòng begleiten

suì Jahr; Alter
Wǒ … [Zahl] suì. Ich bin … Jahre alt.

T

tā er/ihm/ihn; sie/ihr/sie; es/ihm/es
tā de sein/seine; ihr/ihre

tài sehr, zu sehr
Tài hǎo le! Wunderbar!

tāmen sie/ihnen

tāng Suppe

Aussprachehilfe
c = ts | sh = sch | zh = dsch | ch = tsch | x = ssch

téng schmerzen, wehtun; Schmerz

tiān Tag

tiānqì Wetter

tīngdǒng verstehen
tīng bù dǒng nicht verstehen

tuǐ Bein

W

wǎn spät

wǎn'ān Gute Nacht.

wǎnshang Abend
Wǎnshang hǎo. Guten Abend.

wéijīn Schal

wǒ ich/mir/mich
wǒ de mein/meine

wǒmen wir/uns
wǒmen de unser/unsere

X

xiā Garnelen

xiāngbīnjiǔ Sekt

xiānsheng Herr

xiǎo klein

xiǎojiě Fräulein

xiàwǔ Nachmittag
Xiàwǔ jiàn! Bis heute Nachmittag!

xièxie danke; Dank

xǐhuan mögen; gefallen

xīn Herz

xìng Familienname; mit Familiennamen heißen

xūyào brauchen

Y

yángguāng Sonnenschein

yǎnjìngdiàn Optiker

dj | q = tj | h = ch | s = ss | ju = djü | qu = tjü

yào wollen; mögen; müssen

yī eins

yí cì einmal

yí ge ein/eine

yìdiǎn etwas, ein bisschen

yīfu Kleidung

yījià Kleiderbügel

yǐjīng schon

yǐnliào Getränk

yìqǐ zusammen

yìsi Bedeutung, Sinn

yǒu haben
yǒu yìsi interessant
méiyǒu nicht haben; nicht vorhanden sein

yóuyǒngchí Swimmingpool

yú Fisch

yǔ Regen

yùndòngxié Sportschuhe

yùshì Bad

Z

zài wieder, noch einmal

zài in; bei; sich befinden, (an einem Ort) sein

Zàijiàn. Auf Wiedersehen.

zǎo früh

zǎoshang Morgen
Zǎoshang hǎo. Guten Morgen.

zěnme wie; was

zěnmeyàng wie
Nǐ zěnmeyàng? Wie geht's?

zhàoxiàngjī Fotoapparat

Aussprachehilfe
c = ts | sh = sch | zh = dsch | ch = tsch | x = ssch

zhè dieser/diese/dieses, dies
zhè shì das ist/das sind
Zhè shì shénme? Was ist das?

zhèlǐ hier

zhēn echt, wirklich
Zhēn hǎo! Ausgezeichnet!

zhù wohnen; leben
Wǒ zhù zài … Ich lebe in …

zhūròu Schweinefleisch

zìxíngchē Fahrrad

zuì am meisten

zuì hǎo am besten; am schönsten

zuì jìn am nächsten

zuì piàoliang am schönsten

zúqiúchǎng Fußballplatz

zuò tun, machen

dj | q = tj | h = ch | s = ss | ju = djü | qu = tjü

Zahlen

0 **líng**	1 **yī**	2 **èr/liǎng**	3 **sān**
4 **sì**	5 **wǔ**	6 **liù**	7 **qī**
8 **bā**	9 **jiǔ**	10 **shí**	11 **shíyī**
12 **shí'èr**	13 **shísān**	14 **shísì**	15 **shíwǔ**
16 **shíliù**	17 **shíqī**	18 **shíbā**	19 **shíjiǔ**
20 **èrshí**	21 **èrshíyī**	22 **èrshí'èr**	30 **sānshí**
31 **sānshíyī**	40 **sìshí**	41 **sìshíyī**	50 **wǔshí**